収納・家事・
スペースづくり・
モノ選び

赤ちゃんと暮らす

本多さおり

大和書房

はじめに

結婚6年目の私たちのところへ、待望の赤ちゃんがやってきました。妊娠、出産、育児、すべてがはじめての経験。当然ながら「わからない」の連続でした。妊娠検査薬が反応した時の「産科ってどのタイミングで受診するの？」という疑問から始まり、「妊婦さんってどんな下着つけてるの？」「出産予定日まで2週間切ったけど、ランチに出かけても大丈夫かな？」「冬生まれの赤ちゃんって服を何枚着せればいいの？」

次々沸き出てくるのは生活の些細な疑問たち。

「？」と思う事柄にぶつかった時は、すぐにネット検索したり雑誌をめくったりすれば情報はいくらでも手に入る今。けれどもメディアに溢れるたくさんの情報より、身近な先輩ママたちの「私はこんなふうにしていたよ」という体験談や助言こそが、何よりも助けになってくれる実感がありました。「ママ100人に聞いた！」も参考になるけれど、身近なママが語る「私の場合こうだった」という実話からは、「へぇ～知らなかった！」「なるほど、そういう選択もあるのね」「みんなそれぞれなんだなぁ」という気づきや学びをもらえました。

書籍の打ち合わせ（妊娠発覚してまもなくの頃）で、私は担当のKさんに「こんな本があったらいいのにと思う」と話すと、「では作りましょう！」ということになり、今回の書籍制作がスタートしました。

妊娠、出産、育児に関するあれこれは、常に選択の連続。そして毎日めまぐるしく成長する赤ちゃんとの暮らしは、変わらないままでなんていられない試行錯誤の日々です。

この本では、私の妊娠、出産、息子が1歳を迎えるまでの育児と暮らし、収納や空間づくり（引っ越しも！）、モノ選びなどについて、すべて実体験をベースに、実験報告書のようなつもりで綴りました。さらに11名のママたちにも取材やアンケートにご協力いただき、「私の場合」を教えていただきました。

これから出産される方、子育て中の方、妊娠・出産・育児に関心のある方など、読んでくださった方に、持ち帰ってもらえるような情報や気づき、自身の暮らしをより心地よくしたくなるようなきっかけを手にしてもらえたら嬉しいです。

CONTENTS

はじめに　2

1章　妊娠編

私の妊娠、こんなふうでした　8
妊娠とモノ選び　10
妊娠中のワードローブ　14
赤ちゃん用品の収納とスペースづくり　16
妊活中、妊娠中のセルフケア　20
妊娠中のリラックス　22
妊娠と情報　23
ベビー用品の準備　26
妊娠・育児ノートをつけました　29
COLUMN 1　夫婦ライフを楽しもう！　32

2章　出産編

私の出産、こんなふうでした　34
入院準備とモノ選び　36
COLUMN 2　夫と家事　40

3章　0〜3ヵ月　赤ちゃんとの暮らし スタート

赤ちゃんとの暮らしスタート！　42
育児とモノ選び〈0〜3ヵ月〉　44
赤ちゃんのお世話　母乳のこと　おむつのこと　50
みんなの二大お悩み　その1 悩ましい抱っこひも選び　52
育児と家事〈0〜3ヵ月〉　56
育児と収納〈0〜3ヵ月〉　62
生後1ヵ月のタイムスケジュール　66
みんなの育児 リアル取材①　浅野佳代子さん　70
一言日記〈生後0〜3ヵ月〉　74
COLUMN3　スマホ活用育児　76

4章　4〜5ヵ月　首すわりと引っ越し

突然、引っ越すことになりました　78
引っ越しで、思い知る　80
育児とスペースづくり リビング〈4〜5ヵ月〉　84
育児とスペースづくり 寝室〈4〜5ヵ月〉　88
新しいキッチン収納　92
新しい洗面所の収納　96
新しいランドリー収納　97
育児と収納、モノ選び〈4〜5ヵ月〉　98

赤ちゃんのお世話　布おむつはじめました　100
みんなの二大お悩み　その2 ベビーカーどうする問題　102
生後4ヵ月のタイムスケジュール　104
みんなの育児　リアル取材②　小林幹子さん　106

5章　6～7ヵ月　寝返り

育児とスペースづくり〈6～7ヵ月〉　112
育児と収納〈6～7ヵ月〉　115
育児とモノ選び〈6～7ヵ月〉　116
育児と家事〈6～7ヵ月〉　118
育児とおしゃれ〈6～7ヵ月〉　121
収納の試行錯誤は続く…引っ越し後の変遷〈6～7ヵ月〉　122
一言日記〈生後5～8ヵ月〉　124
COLUMN 4　アトピーの道を模索しています　126

6章　8～9ヵ月　ハイハイ&つかまり立ち

育児とスペースづくり〈8～9ヵ月〉　128
育児と収納〈8～9ヵ月〉　130
育児とモノ選び〈8～9ヵ月〉　132
育児と家事〈8～9ヵ月〉　136
生後9ヵ月のタイムスケジュール　138

みんなの育児　リアル取材③　高梨倫子さん　140
COLUMN 5　育児と孤独　144

7章　10～11ヵ月　ハイハイ&つかまり立ち

育児とスペースづくり〈10～11ヵ月〉　146
育児と家事〈10～11ヵ月〉　148
育児とモノ選び〈10～11ヵ月〉　152
赤ちゃんのお世話　卒乳と離乳食　154
引っ越し後の変遷　キッチン収納更新中〈10～11ヵ月〉　158
COLUMN 6　育児と仕事　160

8章　1歳　おめでとう！　つたい歩き

育児とモノ選び〈1歳〉　162
育児と収納〈1歳〉　164
子どもがいてもあきらめたくないこと　168
絵本をたのしむ　169
子どもの写真整理　170
一言日記〈生後9～12ヵ月〉　172
生後1歳のタイムスケジュール　174

あとがき　175

アンケート

みんなの！妊娠出産

Q1 マタニティ用のインナーでおすすめのものは？ 13
Q2 マタニティ用の服でおすすめのものは？ 13
Q3 マタニティ用ではないけれど
マタニティとして使えたものは？ 13
Q4 妊娠中に（自分用に）使ってよかったモノは？ 24
Q5 妊娠中に（自分用に）購入したけれど
あまり使わなかったモノは？ 25
Q6 妊娠中のセルフケア、癒しアイテム、
リラックスの工夫は？ 25
Q7 今だから言える、「これは準備しておくべき」
「これは心配いらない」というアドバイスは？ 30
Q8 お産の種類は？ 35
Q9 実際にかかった金額は？ 35
Q10 病院選びのポイントは？ 35
Q11 入院準備品で役立ったモノと不要だったモノは？ 38
Q12 実際のお産の感想は？ 39

みんなの！育児

Q13 活躍したベビー用品ベスト3は？ 54
Q14 育児中の家事の工夫は？ 61
Q15 内祝いに選んだものは？ 68
Q16 沐浴、赤ちゃんとの入浴は？ 69
Q17 お使いの抱っこひもとベビーカーは？ 110
Q18 子育ての悩みや不安、育児ストレスの解消方法は？ 120
Q19 現時点で活躍しているベビー服ベスト3は？ 134
Q20 育児中、あなたの励みになった言葉は？ 166
Q21 今一番したいことは？ 167

本書に掲載のアンケート「みんなの！妊娠出産」「みんなの！育児」ページに下記の方々にご協力いただきました。ありがとうございました（お子様の月齢はアンケートお答え時のものです）。

A・Kさん（お子さん2ヵ月）、C・Tさん（4ヵ月）、C・Mさん（5ヵ月、4歳）、S・Nさん（9ヵ月、4歳）、M・Sさん（10ヵ月）、E・Kさん（11ヵ月）、F・Kさん（1歳0ヵ月）、K・Yさん（1歳3ヵ月）、浅野佳代子さん（6ヵ月、3歳）、小林幹子さん（6ヵ月）、高梨倫子さん（10ヵ月）

1
章
妊娠編

私の妊娠、こんなふうでした

〝子どもを持つ〟。それは子どもが好きな私にとって、結婚後に思い浮かべる自然なイメージでした。すぐには妊娠しませんでしたが、私が結婚したのは比較的若めの20代半ば。しばらくは妊娠を気にせず、ふたりの生活を楽しみ、仕事に打ち込み、充実した日々を送っていたのです。

　赤ちゃんがほしいとハッキリ意識しはじめたのは、30代に突入しようという時でした。親しい友人に赤ちゃんができたことも、大きかったと思います。これまで5年、自然にまかせていても授《さず》からなかったということは……と不安を抱き、不妊検査を受けることに。夫婦ともに不妊の要素は見つからなかったのですが、この頃はかなりナーバスになっていました。妊娠について考えることにストレスを感じ、産婦人科に通うのも気が重く、疲れてしまったのです。

　心を休める必要を感じ、産婦人科通い

は一旦お休みすることに。しばらく自然にまかせていると、半年後、お腹に赤ちゃんがやってきました。

気がついたのは、生理が遅れて2日目というかなり早い段階。あまり遅れない体質なこともあり、妊娠検査薬を使うには早すぎる時期だったにもかかわらず、出来心ですぐ検査。陽性（妊娠）のラインが出て仰天し、信じられなくて薬局へもう一本検査薬を買いに行きました。二度検査をしても妊娠判定が出るので、ついに来た！　と認識。次の日は夫と小旅行だったのですが、旅行中も気が気ではありません。漁港のある地方の町で、妊婦向け情報誌を求めて夫とウロウロしたのも今となってはいい思い出です……。

産婦人科は、徒歩10分のところに大きめの病院があり、以前婦人科を受診したこともあったのでそこに決めました（不妊検査をしたのは別の病院です）。自分で検査をした時期がとても早かったので、すぐに行っても胎嚢《たいのう》が見えずに二度手間になる可能性があるという情報も。じりじりしながら1週間待って、4週6日で初通院し、胎嚢を確認できました。

こうしてやってきた念願の妊娠でしたが、手放しで喜びをかみしめたかというとそうではありませんでした。ネガティブ思考の私にとって、それは「無事に育ってくれるのだろうか」という不安とともにあったのです。幸いなことにほとんどつわりがなかったのですが、それも「大丈夫なのだろうか」と不安材料に。

ようやくマタニティライフを楽しめるようになったのは、妊娠中期を迎えてからです。母子の健康と安産のために、専門家の指導のもと運動にいそしんだり、仕事に打ち込んだり。いつも通りどころか通常以上に活動的で、パリへ出張なんていう一大イベントもこなすことができました。

後期に入ると仕事のペースを落とし、子どものための空間を作るためにモノを整理したりと巣作り開始。動きにくい臨月が来る前に、収納の改善や部屋の模様替えを行いました。

一方で、この時点になっても、お腹が日に日に大きくなる事実や、そのお腹を内側から蹴っ飛ばしてくる「人」の存在が不思議で不思議で、赤ちゃんが生まれるという実感が持てずにいました。妊娠すれば勝手に胎児への愛おしさが溢れてくるものかと思っていたけれど、「本当にいる」実感がないからさほど話しかけたりもせず。よほど夫の方が、毎日のようにお腹の中の人に語りかけていました。

私に母性の目覚めはくるのだろうかと、少し不安をよぎらせつつ、突然〝お母さん〟にはなれないものなんだなあと感じていました。

妊娠とモノ選び

モノは好きでも、
物量に暮らしを
乱されることなく、
身軽に暮らしたい。
それは妊娠をしても同じです。

妊娠期間は約9カ月。限定された期間のためのモノを、増やしすぎないようにしたいと思いました。初めての妊娠なので間違うこともあるでしょうが、増やすなら本当に必要なモノだけにしたい。

そのために、「きっと必要になるだろう」と買うのではなく、「必要になってから」検討をするスタンスでいようと心に決めました。

最初に検討したのは、マタニティショーツ。お腹が膨らみ始める前から下腹の締め付けがいやになり、お腹を包み込んでくれる下着は必須だろうと検討。実際に使ってみると、想像以上の快適さと安心感！　それまで〝マタニティ〟に使用が限定されるモノへの不信感（ほかに使い回しが効かないなんて……）があったのですが、うまく取り入れれば快適な妊娠生活をサポートしてもらえることを実感しました。

ただ、モノを増やしすぎないためには、「現時点で持っているモノで、まかなえるものは間に合わせる」ことが大切です。服に関しては元々、緩やかでラクなデザインばかりを持っていたので、妊娠中にもたくさん使うことができました。

ボトムスとなるとさすがに厳しく、お古でもらったマタニティパンツが大活躍。お古が回ってこなかったレギンスやパンツなどは買うほかありませんでしたが、産後も使えることを意識して「ひも付き」「腹巻付き」を選びました。

冷え性のうえ真冬時に出産を迎えるので、体を温めるレギンスなどはいいモノを選びたい。せっかくいいモノを手にしたなら、産後もぜひとも使いたい。妊娠中に着尽くすモノもありますが、買う時はできるだけ「長く使えるモノ」「ほかの用途でも使えるモノ」を選ぶというのが基本的なルールでした。

まずは手持ちの品で！

非マタニティの **マタニティ** → 以前から持っているもので妊娠中も役立ったモノ

チュニック
マタニティボトムスのゴム部分が隠せて便利。腰周りも温かい。（伊勢丹）

ふんわりトップス
とくにマタニティ服でなくても、ふんわりとしたシルエットのトップスは臨月まで着られます。（ARTS & SCIENCE）

ローブ
上に羽織るだけでお腹周りが目立たないので重宝。マタニティパンツのゴム部分も隠せます。（evam eva）

レギンス
PRISTINEの「無縫製 薄手レギンス」。冷えとりのために愛用していたもの。お腹周りがよく伸びるので、妊娠中もはけました。（PRISTINE）

腹巻
よく伸びるので重宝。産後お腹が戻った後は少しゆるくなってしまいましたが使えています。（正活絹）

非専用の **ベビー用品** → 買わずにor非専用品で代用できないか？

ネッククッション
無印良品のネッククッションを授乳用にできないかと検証。実際に使ってみたら高さが足りず、友人お勧めのモノをお祝いに頂きました（→P.48）。ネッククッションは添い乳をする時に活躍しました。

授乳ライト
MARKS&WEBのアロマランプ。夜間の授乳時にほどよい灯り。以前はトイレのアロマランプとして使用。実際使ってみて移動できないのがネックで、無印良品のライトに変更しました。

産後も使うことを想定して、妊娠中に買ったモノ

授乳用ブラジャー

モノ選びの上手な友人に、「ずっとこれを使っている。締めつけないから妊娠中からおすすめ」と聞いて迷わず購入。授乳しやすく、つけ心地もよく、いつでもつけたい素晴らしさ！リピート買いしました。（モーハウス）

バンドゥブラ

夏場、ブラジャーの紐がかゆくなってしまいました。紐がなければ快適。かつ、ノースリーブのトップスを着る時に便利でした。（UNIQLO）

アルパカレギンス

ここ数年、冬になるとPUENTEの手編み靴下を愛用。頼もしい温かさで、レギンスも購入してみました。腰回りが紐で調節できるので、臨月でもOK。出産時にスポーンと脱がされた、思い出深いレギンスです……。（PUENTE）

ニットパンツ

２本の色違いを冬の間ほぼ毎日交互に履いていました。さまざまなコーディネートに合うシルエットで、履いていてとてもラク。プチプライスなのもありがたく、あまりに着倒したので産後は処分。役を全うしたらお別れしやすいのもプチプラの長所ですね。（GU）

エプロンワンピース

腰周りがゆったりしているので、お腹の大きい時期もゆったりと着られました。「可愛い」と褒められることが多く、おしゃれしにくい時期に嬉しい存在でした。エプロン型なので、授乳しやすく産後も活躍。（CHICU+CHICU5/31）

ニットチュニック

「妊娠中はもう服を買わない」と思っていた妊娠後期に、ふらりと入ったevam evaで一目ぼれ。試着すると大きいお腹でも入るし、温かかったので購入。後期はこればかり着ていました。「妊娠中でも好きな服を着られる幸せ」を感じさせてくれた一着。（evam eva）

マタニティ用のショーツやプチプラのパンツなどは履《は》き古して処分しましたが、心地よくて質の良い服やインナーは産後も活用しています。真冬に身重《みおも》の体を守ってくれたあったかグッズはもう手放せない存在。お腹周りに柔軟に対応してくれる仕組みやデザインのモノは、妊娠を繰り返す可能性の高い年代にはとくに重宝します。一方で、〝マタニティ〟とうたっていても「腰のサポート付きパンツ」や「むくみ解消スパッツ」がきつくて履けないということもありました。両方とも、腰痛や足のむくみが出た時に、焦って飛びついた商品。体の中から出てきた問題を焦ってモノで解消しようとするより、まずはストレッチや冷え取りなどで対処しながら、モノ選びはじっくり、の方がいいのかもしれません。

みんなの！妊娠出産

Q1 マタニティ用のインナーでおすすめのものは？

・無印良品のマタニティレギンス（M・Sさん、S・Nさん他多数）、マタニティショーツ（C・Mさん、高梨さん、S・Nさん）

・犬印本舗が綿100％で締め付けが弱く良かった。（M・Sさん）

・SOULEIADOのナイトウェア…デザインと肌触りが良く、入院・産後と活躍。（高梨さん）

Q2 マタニティ用の服でおすすめのものは？

・無印良品マタニティデニム（E・Kさん、浅野さん、C・Mさん、小林さん、A・Kさん）

・エンジェリーベのP・パンツ。（S・Nさん）

・BAWの授乳用ワンピース…お腹のでっぱりがほどよく隠れてよかった。（K･Yさん）

Q3 マタニティ用ではないけれど、マタニティとして使えたものは？

・3Coinsのあったかタイツのしサイズ…よく伸びるので臨月でもはけた。（S・Nさん）

・evam evaのニットスカート…ひもで調節できてゆったりはける。（C・Mさん）

・マタニティの洋服を買うのがどうしても嫌だったので、衣類はワンピースやウエストゴムのパンツで。パンツは折ってローライズにすれば臨月まで大丈夫だった。産休に入ってからはユニクロでネル地のシャツワンピースを2着買い、毎日洗濯しながら1日交代で着た。（F・Kさん）

・ユニクロのメンズ用シャツなど、夫の服をよく着ていました。（E・Kさん）

08mabのカシュクールワンピース。（小林さん）

1 お腹もおしりもゆったりと包んでくれるチュニックはとにかく便利。元から持っていた服の中でも、妊娠中一番着ていたトップスがこちら。

2 お気に入りのブラウスが、妊婦にも合うシルエットでラッキーでした。パンツはマタニティ用で、セール品。白はどんなトップスとも合わせやすいのでガンガン履きました。

3 柔らかく暖かく、優しく包んでくれるニットパンツ。下に温たかレギンスを重ね履きして、冬の間大活躍しました。お腹が前にせり出す膨らみ方だったので、正面から見ると妊婦と思わないくらいナチュラルなコーディネート。

4 妊娠前から1年中愛用していたワイドパンツ。ウエストがゴムなので妊娠中も履けました。妊娠後期は、ゴムを1本抜いたらちょうどいい具合に。冬は下にコットンとニットのレギンスを2枚重ね履きし、ポカポカでした。

5 ロング丈のローブを羽織ると、お腹が目立ちにくくなるうえにおしゃれ度アップ。冷やしてはいけないけど火照りやすいこの時期、体温調節できる羽織りものは重宝します。

1 伊勢丹オリジナルのボーダーチュニック

2 ARTS&SCIENCEのブラウス＋LEPSIMのパンツ

妊娠中のワードローブ

妊娠して服に求めるのは、
下腹を締め付ずラクに着られること、
体を冷やさないこと、
できるだけきれいに着られること。
これらを持ち服の中で見繕《みつくろ》いたい。

もともと妊娠する前からラクな服が好きなので、ほとんど持ち服で乗り切ることができました。以前よりは選択が限られましたが、そのことで改めてわかったことが。

やはり、服は少ない方がコーディネートしやすいのです。選択肢が少なくても、どれもが「好き」「着心地がいい」服であれば楽しくラクに着回すことができる。そう再認識し、産後に再び服を整理したほどでした。

3 F/styleのセーター
＋GUのニットパンツ

4 無印良品のセーター
＋CHICU+CHICU5/31の
リネンワイドパンツ

5 右のコーディネート
＋evam evaのローブ

妊娠していても、授乳していても、両方していなくても着られる服まとめ

【トップス】丈が長めで、腰周りがゆったりとしたデザイン。産後授乳できるように、「まくり上げてもかさばらない」「前ボタン、カシュクールなどで胸元が開く」かのポイントもチェック。ちなみに〝授乳服〟として胸元だけが開く服を一着購入したのですが（パジャマ）、大きく開かず赤ちゃんの顔に布が当たるのが気になり、結局まくり上げて授乳していました。この声は、私の周りの他のお母さんからもよく聞きました。

【ボトムス】ゴムやひもでウエスト調整できるものが重宝。冬なら、柔らかくて重ね履きしやすく、温かいニット素材がおすすめ。

【ワンピース】妊娠中は便利なワンピース。その後の授乳を考えて、胸元を開けられるデザインかどうかを確認。下からまくり上げたら大変なことになるので。

赤ちゃん用品の収納とスペースづくり

赤ちゃんを迎えるためにやっておこうと考えたふたつのこと。
それは、「夜間と日中の赤ちゃんの寝床づくり」と、「赤ちゃん用品の収納スペースを確保すること」です。

今まで経験したこともなければ、想像もつかない赤ちゃんとの生活。一番気になったのが、どこにどう寝かせればいいのか？　ということでした。「赤ちゃん寝床」「赤ちゃん　日中　居場所」などあれこれ検索してみましたが、人によって間取りや家具の配置が違うのであまり参考になりません。

ただ、様々な家庭の育児の様子を見て、赤ちゃんの居場所と収納のためのスペースを、〝生まれる前に〟作っておく必要があることはわかりました。慣れない育児をしながら部屋に新たな空間を作るのは大変だろうし、部屋が赤ちゃんとグッズで雑多になれば、なおさら家事育児に滞りが出てしまうかもしれません。

妊娠7カ月ほどになると、「これが巣作り本能か……！」と驚くほど、頭の中は赤ちゃんの寝床のことでいっぱいに。スペースを確保するために寝室の棚を処分したり、リビングの家具を間引いて移動させたり。

そして赤ちゃんのモノの収納スペースも必要です。もともと、身軽に暮らしたいがために夫婦の持ち物は少数精鋭を心掛けてきました。それでも、今のままの二人の物量では家の収納に「ちょうど」の量。プラスひとり分の余裕はなく、ひとつひとつのモノと向き合って厳しめに処分をし、さらに量を減らす必要がありました。

ただ、赤ちゃんグッズの収納〝場所〟については、あまり決め込まず、実際に生まれてから現場の判断で定めていこうと思いました。想像と現実はきっと違うもの。一ヵ所にまとめるというよりも、きっと部屋ごとに必要なモノが出てくるのではないだろうか。「ここにコレを置いたら便利かな」というふうに、赤ちゃんと暮らしながら模索することにしました。

寝室の見直し

スペースをあける

夫婦二人の布団を敷いたらいっぱいだった寝室。部屋の角に置いていた棚を撤去し、家具が一切ない部屋にしました。赤ちゃん布団の平均的なサイズ（幅60～70cm）が確保できただけでなく、掃除機のかけやすい部屋になりました。

妊娠中に布団の敷き方をシミュレーションしておきました。

時計、ハンドクリーム、寝床で読む本などを置いていた棚を処分。小さな部屋では小さな家具も大きな存在です。

家中の総点検&モノの整理

家中のモノを総点検。雑誌や本、CD、思い出の品などをさらに減らしました。新しく家に入ってくる「赤ちゃんのモノ」のために少しずつスペースをあけました。

天袋を見直してみたら…。

玄関の本棚も整理して減らしました。

奥に潜んでいたミラーボールなどパーティグッズを発見！　同じ箱に入っていたツイスターは3人お子さんのいる方にもらっていただきました。

押し入れ収納の見直し

上の段：おむつシートや石けんなど産前に準備したベビー用品を。

引き出し２段分を空けることができたので、赤ちゃんのお世話グッズやおもちゃを収納。以前は右側にあった引き出しですが、日中にすぐ取れるようリビングに近い左側に移動させました。

下の段：いただいたおさがりの品やぬいぐるみ、おもちゃなど。

我が家の収納は、玄関の靴箱を除けばこの押し入れのみ。ここに家族全員のワードローブや雑貨を収めなければなりません。

押し入れ下部分の3段の引き出しには、以前は私の仕事道具やポーチなどが収められていました。それら全部を出して、ひとつひとつのモノと向き合い、使用頻度の低いモノは厳しめに「不要」の判断をつけて処分。必要なモノは小分けしてあちらこちらの類似ゾーンに収めました。

リビングの見直し

旧PCデスクをキッチンへ移動しました。大きな鏡は足場が不安定だったため、このあと知り合いにもらってもらいました。

リビングでは、赤ちゃんの日中の居場所づくりをしました。窓際にあったベンチ(棚)を壁際に移し、空いたスペースに当初はベビーベッドの設置を考えていました。しゃがんでお世話をするよりベッドの上で、と思ったし、ここに入れておけば安心という場所がほしかったのです。

でも、「使わなかったよ」という声が多いうえに、サイズが大きすぎる! 結局ベビーベッドはなしにしたのですが、このスペースを空けたおかげでベランダへ出やすくなり、家事の動線がよくなったのは収穫でした。

また、パソコンデスクをキッチンへ移動させ、物置として使うことに。小さなリビングながら、赤ちゃんを寝かせてバウンサーも置けるスペースを確保しました。

妊活中、妊娠中のセルフケア

「妊娠」の前に「健康」である
大切さを感じた三十路突入の頃。
無事妊娠してからも、
体づくりをマイペースに
学び続けています。

妊娠するまでの健康づくり

妊娠する1年ほど前から、体の代謝が悪くなり、冷えたり太りやすくなったりしていることに気づきました。三十路《みそじ》を迎え、それまでまったく関心のなかった「健康管理」に興味がわいてきたのです。やはり同級生の間でも、それまでなかった健康話で盛り上がるように。みんな、同じようなことを感じているんですね。

以降、重ね履きや半身浴などの冷え取りと、週に1度の加圧トレーニングを習慣化しました。体調ははっきりとよくなっていき、もとは健康目的だったのですが、今思えばこれも妊活に効果をもたらしてくれた気がします。

妊娠中の運動

妊娠前から通っていた加圧トレーニング。妊娠発覚でお休みした後、17週から加圧はなしの筋力トレーニングを再開しました。「妊婦が鍛えるべき部位」を中心にトレーナーさんがメニューを作ってくれて、出産1週間前まで続けることに。再開直後は驚くほど筋力が落ちていましたが、妊婦だからと甘やかさない指導に燃え、復活することができました。

また筋トレと同時に、マタニティビクスにもはまりました。必死で動いて、体はポカポカ汗だくに。妊婦でもこんなに動いていいんだと専門家に教わり、解放的な気分に！　これが妊娠中の一番のストレス発散となり、生きがいになりすぎて、「産んだらもう来られないんだ」と悲しくなってしまったほど。

これだけ運動しても、後期には食欲に勝てずに体重が増加してしまいました。日常的に動くために、スーパーや銀行など、家の用事は徒歩で出かけることに。すると、体重増加が止まり、むくみも改妊娠線を予防するオイル（NYRストレッチマークオイル）を、お風呂上りにお腹と脚に塗って。ネロリの香りが爽やかです。むくみ防止にマッサージブラシで脚をケア。オイルはヘッド部分をポンプ式に交換してワンプッシュで使えるようにしました。キャップの開け閉めが必要だと、私は続けられません…。

善。これまで車に頼りすぎていたなと、生活を見直すきっかけにもなりました。

妊娠中の食事

妊娠すると、自分と赤ちゃんの健康を支えるポイントとなるのが「食事」。ところが、それまで料理自体が苦手で栄養管理について熱心に取り組んだことなどありません。産院で開かれる母親学級で、改めて栄養バランスについて勉強することができました。

家では、母親学級の教科書とメモをもとに、エクセルで栄養表を作成。トイレと冷蔵庫に貼り出し、繰り返し眺めて頭にインプットしました。普段買っている食材のパッケージ裏も見るようになり、食事に対する姿勢はだいぶ変わりました。自分のためだけならここまでしなかったことを考えると、これが母性の始まりだったのかなあと思い返しています。

妊娠中のリラックス

大好きなソファで
ごろんとしてばかりだった
妊娠期間。振り返ってみると、
なんて贅沢だったんだろうと
思います。

妊娠初期は、疲れやすくて眠くて仕方ありませんでした。仕事や家事の合い間を見つけては、ソファに寝そべりウトウト……。冬場は愛用の湯たんぽブーツを履いて、足元ポカポカでソファにごろん。こうしてみると、狭い家でも無理して3シーターの大きいソファを選んでよかったなと思います。

胎動が大きくなり、お腹の外からも動く様子がわかるようになってからは、たびたびソファに寝そべって、うごめくお腹の動画を撮りました。出産後に見ても、赤ちゃんがとても愛おしく、かつ面白く思えるので動画撮影はおすすめです。

そんなリラックスタイムに貢献してくれたのが、炒《い》ったクミンシードで淹れるクミンティ。胃腸に優しく妊婦によいと言われており、香ばしくて飲みやすく毎日ごくごく。喉が渇きやすくなっていたので重宝しました。また、産院でもらった「Eお母さん ミルクティ風味」にもはまって繰り返し飲みました。

ソファでお茶をしながらよくしていたのは、読書や妊娠ノート（詳細は29ページ）を綴ること。マタニティ雑誌を眺めたり、出産育児にまつわる本を読み、産後の生活を想像する時間にもなっていたと思います。

妊娠と情報

膨大な情報量に混乱しながらも、
妊娠中に得ていた知識は、
モノとスペースのことがメイン。
ほかに何を知っておくべきか、
わからなかったのです。

あれこれ読んでいたつもりでしたが、生まれてみたら「えっ？ どうすればいいの？」とお世話に関してノーガードだったことに気づきました。まずは、母乳。出産翌日に助産師から「完全母乳にしますか？」と聞かれ、キョトン。母乳が十分に出るのか、出なければどうするのか。それ以前に「母乳かミルクか決めるのは自分なの？」というレベルです。ほかにも、「寝かしつけが大変」「肌が弱い」と、戸惑うことは次々にやってきました。

ただ、育児に関する情報は本当に膨大。先に頭に入れておくには量が多すぎるし、「無用な心配」になる可能性も高い。そしてどれだけ知識を入れても、想定外のことは多々起きます。今の時代は検索できるし、人に相談もできる。情報を集めすぎて不安になるより、必要を感じた情報をその場で採っていく、モノと同じようなスタンスがラクなのかもしれません。

◎ 妊娠中に読んだ本

『初めての育児』

参考書として一冊置いておきたいと思い、購入。月齢ごとの発育や生活が実例で示されていて、その時々で参考になりました。「気がかりQ&A」にはまさに知りたい内容が！（川上義監修・ひよこクラブ編集／ベネッセコーポレーション）

『産後ママの心と体がらく〜になる本』

「誰も教えてくれないけど、実は産んだ後もいろいろ痛いことがある」という心構えができました。産後間もない友人にあげたら、とても喜ばれました。（赤すぐ編集部編・大原由軌子絵／メディアファクトリー）

『マンガで読む妊娠出産の予習ブック』

妊娠中・出産後と何度ページを開いたかわかりません。実例がイラストで紹介されており、読み物としても楽しいし、ためになり、前向きになれる情報が盛りだくさん。（フクチ・マミ著／大和書房）

『ママはテンパリスト』

情報収集というより娯楽で読んで、大笑い！ 読み終わって感じたのは、「おっぱい長引かせると大変だなあ」「息子って最高に可愛い生き物なんだろうなあ」。（東村アキコ著／集英社）

◎ よく見たブログ

「リアル！日記ング２。」

お産の経過について検索していて発見。ユーモラスながら詳しいレポートと豊富な画像で、リアルな実例としてとても参考に。(http://tomoriso.seesaa.net)

「やまもとりえ育児日記」

毎日の更新を楽しみにしているイラストブログ。息子さんの妖精のような言動と、ママの眼差しがまるごと愛らしい。(http://ameblo rinpotage)

Q4 妊娠中に(自分用に)使ってよかったモノを教えてください

・無印良品のスウィートアーモンドオイル(ポンプ式で使いやすいのでお腹や脚のマッサージが日課にできた)。
・ビーズクッション。靴下を履くときなどに重宝した。(本多)

GOOD！

・モンベルの半袖ダウン。冷え防止のために家でも職場でも外でも着ていました(インナーダウン)。(C・Tさん)

・夏の妊婦だったのでともかく汗がすごかった。
ユニクロのエアリズムとヤクルトのボディパウダー(生活香彩)は汗をかいてもサラサラを維持してくれて毎日とてもお世話になった。(F・Kさん)

・ピジョンマッサージクリーム(妊娠線ができなかったので)。(E・Nさん)

・CARITAのオイル。香りに癒されながら全身に塗っていた。
妊娠線ができずに済んだ。(浅野さん)

・rush桃色キック。むくみ対策に頂きました。妊娠中香りに敏感でしたがミントの香りは嫌ではなく使用後は爽快でした。(高梨さん)

・ママバター　ボディーローション、オーガニックマドンナ ボディセラムスーペリア。どちらもポンプタイプの大容量で使いやすく香りが良いため気分がよかった。(小林さん)

・授乳クッションを就寝時の抱き枕として愛用していました。(K・Yさん)

・心拍を聞くことができる機械が心配性の私にはものすごく役に立ちました。
他にはヴェレダのカレンデュラオイルなど。(M・Sさん)

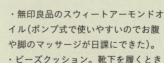

Q5 妊娠中に(自分用に)購入したけれど あまり使わなかったモノはありますか?

・骨盤ベルト付きショーツとマタニティ用のピタッとしたレギンス(どちらも苦しくて履かなかった)。(本多)

・母が腹帯をくれましたが、仕事をしており忙しい朝に巻く気にならず、1〜2回くらいしか使えませんでした。(C・Tさん)

・骨盤ベルト、腹帯。苦しいのと面倒くさいのとで、臨月くらいにしか使わなかったです。(E・Kさん)

・マタニティ用の妊娠線予防のマッサージクリーム。ついつい存在を忘れてあまり使いませんでした。(K・Yさん)

Q6 妊娠中のセルフケア、癒しアイテム、リラックスの工夫があれば教えてください

・着圧ソックス。グレープフルーツのアロマオイル。むくみとりクリームなど。妊婦用の出張マッサージ。(S・Nさん)

・妊娠前からホットヨガに通っていた。臨月まで通ったが、その効果か?むくみはほとんどなかった。冷え取り靴下も履いていた(こちらも妊娠前から)。足を温めることでリラックスできた。(F・Kさん)

・木製のマッサージグッズ。布団を新調し、快適な睡眠をとれるようにしました。(E・Kさん)

・朝食にアサイー飲んで出勤(通勤時の立ちくらみ対策)。(高梨さん)

・助産所でやっているマタニティビクスやマタニティヨガへの参加。散歩、温泉旅行。(小林さん)

・マタニティヨガと骨盤ケア体操、スクワット50回とお灸を毎日やっていました。(M・Sさん)

ベビー用品の準備

世の中には、溢れるほどの赤ちゃんの服やグッズが存在します。本当に使える、必要なモノがどれなのか？最初は暗中模索でした。

妊婦向けの雑誌などには、〝産前に揃えるべきベビーグッズ〟の表がついていたりします。でも、短肌着、長肌着、コンビ肌着……いったい何が必要なのか、さっぱりわかりませんでした。ネットや夫の先輩からの情報で、「どうやら長肌着はいらない。短とコンビでいいな」と結論。しかしこの時点で、長い短いは袖の話だと思っていたのです。買いに行ってびっくり、「丈《たけ》のことか！」。

ウェア2枚

フランスのスーパーにて購入。失敗！サイズが小さすぎた。(MONOPRIX)

寝袋

フランスでベビーカー用にと購入。生まれてすぐは使わなかったが、実は寝袋だと知り使えばよかった！と後悔…。

服にしても、ロンパース、ツーウェイオール等々、初めて聞く単語ばかりです。真冬生まれの我が子に必要な服は何？と悩んでいると、友人が「冬でも部屋の中は薄着で大丈夫。うちの子肌着だよ」「枚数は最低限で、必要を感じたら買い足せばいいよ」と教えてくれました。助言に従い、服はほぼ買わずにお古の3着のみで出産を迎えた私（買ったものはなぜか小さすぎて使えませんでした）。母から「服はどこ……？」と聞かれるほどでした。実際に生まれてみると、「服、いるな」と。お古は大きすぎたため、慌ててネットで3着買い足しです。ミルクの吐き戻しをしない子で着替えが少なかったため、少量でなんとかなったところもあると思います。いくら事前に情報収集しても、その場にならないとわからないことだらけ。これはきっとこれからも、育児全般に通じるのだろうなと感じたのでした。

産前に購入したモノリスト

【衣服編】

短肌着4枚

普段自分のインナーでも愛用している信頼のあるメーカーを選択。（PRISTINE ほか）

コンビ肌着4枚

短肌着の上から重ねる用に。脚が分かれるようにスナップ留めができて便利。（PRISTINE ほか）

ツーウェイオール

肌触りが気持ちよさそうで、優しい色合いのホワイトが赤ちゃんにぴったりだった。（PRISTINE）

スリーパー

新生児から１歳になったこの冬まで大活躍。（PRISTINE）

ソックスとレッグウォーマー

冬生まれだから準備をしたが、生後すぐは外出しないので出番なし。ソックスは小さくなってしまい、未使用で友人へ。レッグウォーマー（大人用アームウォーマー）は１歳の冬にズボンに重ね履き。アルパカ手編みで温かく可愛い。（PUENTE）

産前に購入したモノリスト

【ベビー用品編】

トッポンチーノ

ネットでベビー布団を検討している時に発見。新生児〜3ヵ月頃まで大活躍(「わたしのトッポンチーノ」詳細は46ページ)。

ランドリーバスケット（ベビーバスとして）

1ヵ月しか使わないバスを買いたくなかったので、代わりになるものを探していた時にイケアで発見。今は本来のランドリーバスケットとして使用中。

（イケア、販売終了）

ベビーソープ

サラヤの商品が好きなので、こちらを。手早く使える泡タイプにし、シンプルな無印良品の容器に移し替え。（サラヤ）

おむつシート

産まれて数ヵ月は、おむつ替えのたびにおしっこを飛ばされたので、この防水シートが大活躍でした。（ベビーケアマット／イケア）

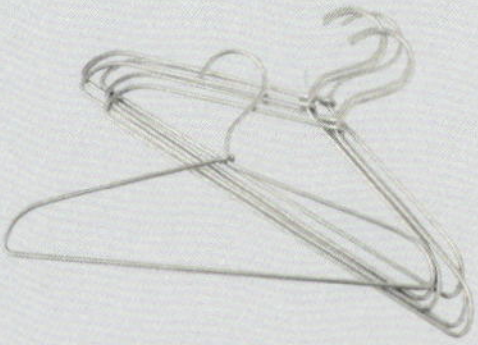

ランドリーハンガー

幅33㎝の小さめが赤ちゃんのものを干すのにぴったり。洗濯干しだけでなく、吊るし収納にも使用。（アルミ洗濯用ハンガー／無印良品）

ろう引きの厚手舟形袋

ガーゼ入れにと購入。何の収納にも転用でき、使わない時はぺちゃんこに。自立するのもいいところ。（瀧川かずみ）

妊娠・育児ノートをつけました

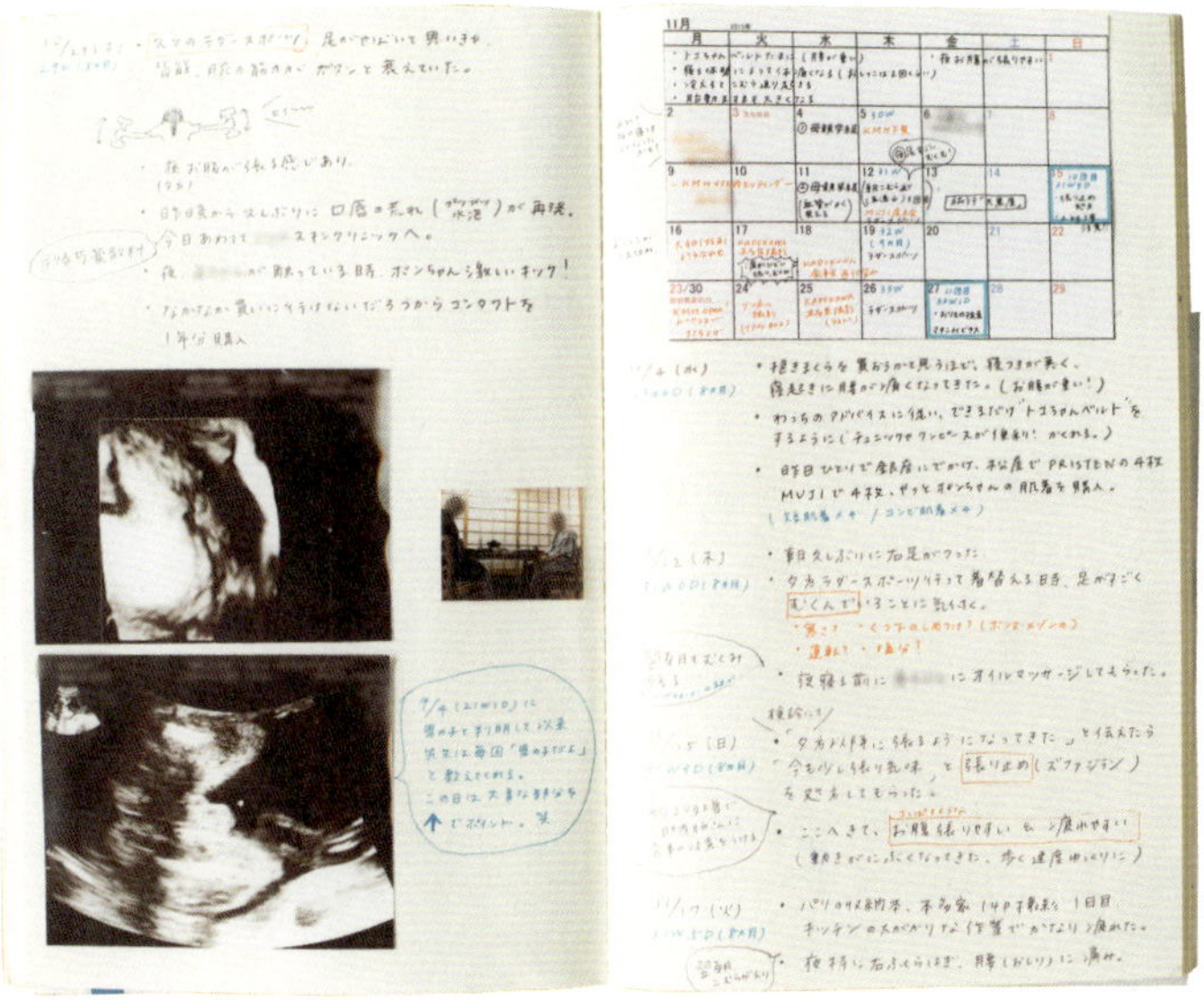

情報の可視化が大好きで、メモ魔、ノート魔の私。みるみる変化する自分の体と赤ちゃんのことを記録しない手はありません。今後ふたりめを授かったとしたら参考にしたいという意図もありました。

ノートはA4サイズより少しコンパクトな無地のものです(nanuk)。マンスリーカレンダーをエクセルで自作して貼り付け、そこに週数や体調のメモ、仕事や遊びの予定を大まかに記しました。周りのスペースには、気の向いた時だけ日記を書いたり、健診でもらうエコー写真のコピーやふくらんだお腹の写真シールを貼ったり。

日記は全然続けられないのですが、これだけは続き、そのまま出産・育児ノートへと移行しています。このノートと共に、生後8ヵ月まではビーンスタークの育児日記(産院でもらったもの)も続けていました。

出産当日のことは、忘れないうちに入院中に細かく書き記し、入院中の生活は1日1ページで時系列に記録。いただいた出産祝いや、お返しの内祝いのメモもすべてここにあり、いつでも見返せます。退院後は、1ヵ月、2ヵ月と、月齢ごとの成長ぶりや生活の様子を箇条書きで記録しています。

お腹にやってきたことから、生まれて、育っていく様子。これからどんなことが綴られていくのか、大きくなったこの子が読んだらどんな気持ちを抱くのか。いろいろなことが楽しみな一冊です。

Q7 今だから言える、「これは準備しておくべき」「これは心配いらない」というアドバイスがあれば教えてください

絶対に必要なのは寝る場所の確保。お風呂セット。お洋服。ベビーカーはあとでもよかったと思う。(S・Nさん)

《要らない》→マタニティ用のスカートやキュロット(普段履かないようなデザインなので、合わせる服がなく、着用せず。代用品でまかなえます)。コンビ肌着(すぐには要らず、長肌着を重宝したので)。《要る》→夜間、授乳時用のライト(無印良品のライトを活用。慣れない授乳で適度に照らすライトが必要でした)。(高梨さん)

里帰り出産や産後里帰りする場合、出産前に実家の部屋を快適な空間にしておいた方がいいと思います。慣れない育児をしながら部屋の整理は体がきついので…。必要なものは最低限の準備で間に合います。近所にベビー用品店、ドラッグストアがあれば家族や夫にも買い物が頼めるし、ネットでの買い物も心強い！ 事前に気になるものはチェックしておいたり実物を見て確認しておくのがお勧めです(ネットで「お気に入り」に入れておく)。(小林さん)

第1子だったので張り切ってほぼ全て出産前に用意してしまったが、結局無駄になったもの多数。エルゴの新生児用インサートは結局3ヵ月まで抱っこで外出しなかったので未使用のまま。ベビーベッドをレンタルしたが、数ヵ月しか使わなかったので買わなくてよかったと思った。オムツ処理は専用のものを買うか迷った結果、蓋つきバケツを用意したが、夏場でもにおい漏れせず十分事足りた。(F・Kさん)

沐浴は洗面台で可能なのでベビーバスは不要でした。温度計も今は不要かと思います。すぐに測れる体温計は用意しておいて損はないです。二ヵ月から予防接種が始まり、副反応で熱を出すこともあります。母乳は出るか出ないか個人差があるので、哺乳瓶はとりあえず1本でいいと思います。搾乳機や母乳冷凍パックをもらいましたが、まったく使わず。(E・Kさん)

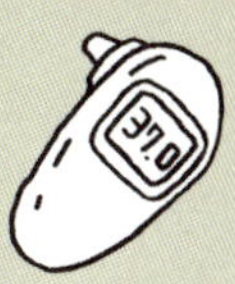

大量のおむつやお尻ふきのストック場所は考えておいた方がよい。ガーゼはたくさん使った。何でも買い揃えておくよりは、育児しながら足りない、不便と感じるものを買う方がよい。買ってあっても使わないものもでてくる。赤ちゃんやママのこだわるところも個性があるので、やりながらわかっていくから。(浅野さん)

授乳について何も考えていなかったので、すぐ母乳がたくさん出るわけじゃないんだなと入院中にわかり、アマゾンで慌てて哺乳瓶、哺乳瓶消毒グッズを注文しました。その後、哺乳瓶を洗う洗剤やスポンジも必要とわかり、母に買いに行ってもらいました。乳首をケアするクリームはあってよかったものの一つです。おっぱいについて考えておくのは重要と思いました。ベビー布団、一式買ったけれどまだ1回も使っていないので必要なかったかもしれません。(M・Sさん)

念のため、と思って入院時持ち込んだ「ピュアレーン」が授乳で乳首が痛くてさっそく出番がありました。お守り的な意味でも持っておくとよいと思います。また、自分では用意していなかったのですが、友人からもらった「ごぼうし」(ごぼうの種で、乳腺炎など乳が詰まったとき、通りをよくしてくれる漢方薬)に、本当に助けられました。乳腺炎はいつなるかわからないので、備えておくとよいと思います。(K・Yさん)

代用できるものもあったりするので、必要になったらその都度買う方が無駄にならないと思いました。(C・Mさん)

【夫婦ライフを楽しもう！】

COLUMN 1

妊娠してからというもの、周りの人から「旅行しておきなよ」「外食しておきなよ」と口々に言われました。たしかに、夫とふたりの環境は激変するし、暮らしの楽しみもレジャーの形もしばらくは違うものになるでしょう。今のうちにしかできないことを、やり尽くそう！

相棒の夫は高校時代からの長い付き合い。「これいいね」の感覚がまるで女友達かのように合う、ともに楽しむのにうってつけの人です。ふたりだけの暮らしも私は飽きませんでしたが、出産直前に「ふたりもさすがに飽きたしな！」と言われてガーン。そ、そうなの……？

ともあれ、動きやすい妊娠中期がちょうど夏だったので、毎年恒例のキャンプや泊まってみたい宿へと旅行を楽しみました。仕事の産休に入れた12月になると、「出産をがんばるため」ということで、ちょっと贅沢な願望をいろいろと叶えました。憧れのホテルに泊まってお風呂に入りながら夜景を眺めたり、クリスマスディナーというものを食べに行ってみたり。コース料理がじれったくて苦手な夫も、こんな時は願いを叶えてくれました。

とくによかったのは、映画館のVIPシートを取るというイベントでした。臨月の大きなお腹でもラクなゆったりとしたシートで映画を楽しみ、「これでがんばれるぞ！」と思いを新たにできました。

2章

出産編

私の出産、こんなふうでした

スクワットとジンクスの実行で予定日2日前に陣痛を迎え、トータル7時間の安産。でも、やっぱり痛くて唖然。出産の感動が湧いてきたのは翌日のことでした。

安産になると聞いて、妊娠後期は暇さえあればスクワットをしていました。出産当日も、散歩しがてら公園でスクワットをしていた時、陣痛が！　その前に、陣痛が来ると噂の「焼肉を食べてオロナミンCを飲む」というジンクスを試していたのが効いたのでしょうか……？

すぐに陣痛アプリをダウンロードして間隔を測り、陣痛2〜3分おきの時点で病院へ。かなりの痛みがあったけれど子宮口はまだ2cmの開きで、リラックスのため一度自宅に戻りました。3時間後、痛みがより強くなり再び病院へ。

分娩には夫も立ち会いましたが、行《ゆ》き来《き》できる隣室の方が帝王切開に切り替わったため退出。そこから2時間は夫にも助産師さんにも構われない孤独な闘いに。LDRの分娩台は居心地の悪い形状だし、コンタクトは外しているし、世界がぼやけて時間の経過もわかりませんでした。

奮闘の末、夫がそばに戻ってきてから1時間ほどで大きな男児を出産！

出産直後は、突然痛みがなくなって唖然茫然。赤ちゃんも体温が低めとのことですぐに連れて行かれ、感動する間もありませんでした。そして半日は手足のしびれが取れず、食事もできない状態。

一方で夫は、息子誕生の感動とともに、「死にそうに見えた妻が生きている」安堵で泣いていたそうです。出産に立ち会うか否かの話が出た当初は、「こわいなー」とはぐらかしていた夫ですが、立ち会ってよかったと話していました。

私に子どもの生まれた感慨がわいたのは、翌日のこと。母子同室が始まるため赤ちゃんを新生児室に迎えに行って戻ると、部屋に明るい陽射しが差し込んでいました。温かい光のなかで、「赤ちゃんとの生活が始まるんだ……」と、じんわり感じたことを覚えています。

みんなの！妊娠出産

Q8 お産の種類は？

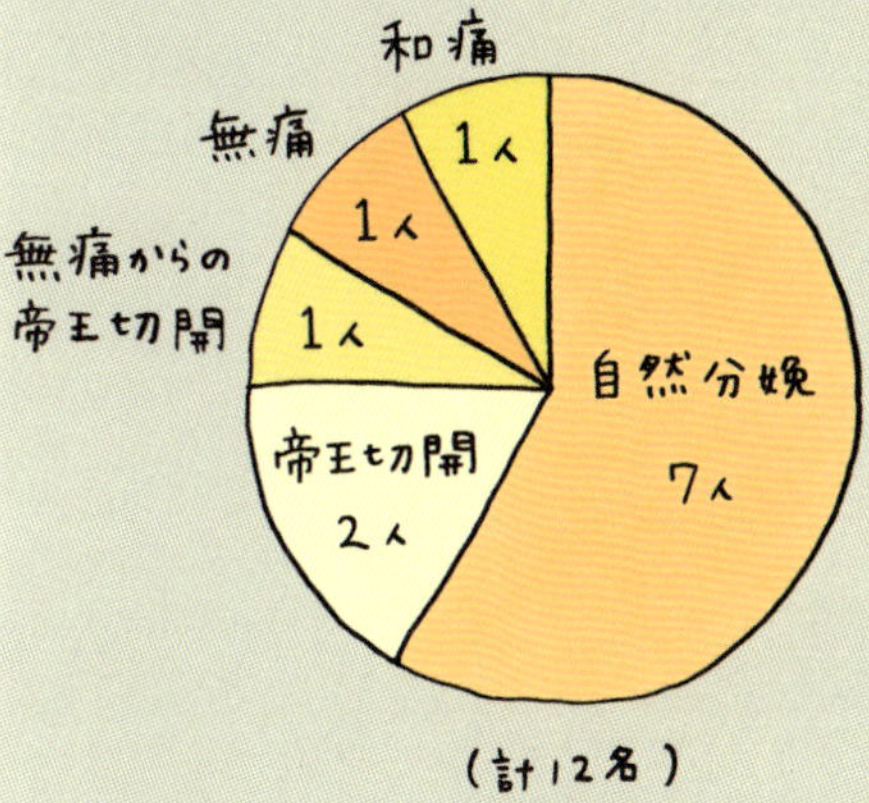

Q9 実際にかかった金額は？

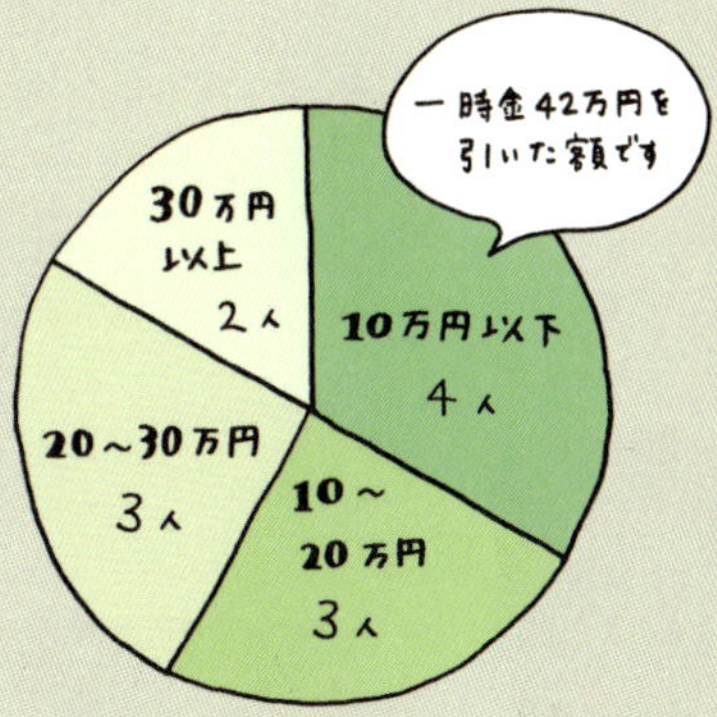

Q10 病院選びのポイントは？

・家から通いやすいところ、
設備が整っており対応力が高そうなところ。（C・Tさん）

・高齢出産だったので母に薦められ、地元では一番設備がそろった総合病院で産むことにした。施設が建て替え直後だったのも決め手となった。（F・Kさん）

・家から近いこと。無痛分娩ができること。（E・Kさん）

・第１子→何かあってもすぐに処置できる大きな病院、母子同室。第２子→和痛分娩可能、近所。（浅野さん）

・病院が明るく綺麗で、入院中の食事が美味しいと評判だったこと。
比較的自宅から近く、自分の運転で通院できる距離だったため。（小林さん）

・できるだけ自宅から近く、思想的にひどく偏りがあったり、一つの方法を強いられたりするようなところは避けようと思っていました。（K・Yさん）

・無痛分娩24時間対応。NICUがある。家から近い。（A・Kさん）

入院準備とモノ選び

本当に必要なモノにプラスして、自宅のように居心地よく、安心して過ごせるモノを持っていく。入院だって、その先で〝暮らす〟こと、に変わりはありません。

フェイスタオルと手ぬぐいを2枚ずつ。入院中にはバスタオルがついていたし、さほどタオル類はいりませんでした。濡らして干して、乾燥対策にも使用。

巾着に入院中必要な産褥ショーツとマタニティショーツ(病院からの指示)、肌着、退院時の自分の服を。

臨月に入るころに荷造り。2～3泊用のキャリーバッグに、メッシュポーチや風呂敷を利用して小分けに収納。キャリーバッグは転がして運べるし、中のモノの場所がわかりやすい。

小さく畳める布バッグ2種は、旅行の時にもいつも持っていきます。行った先で貴重品を持ち歩いたりするのに便利。

お箸とマグカップは産院からの指示で持参。水筒は温かいお茶を作っておくため。フランスの子どもブランド「BONTON」の布でくるんで。布は退院後バウンサーの頭の下に敷いたり、食べこぼし対策にと活躍。

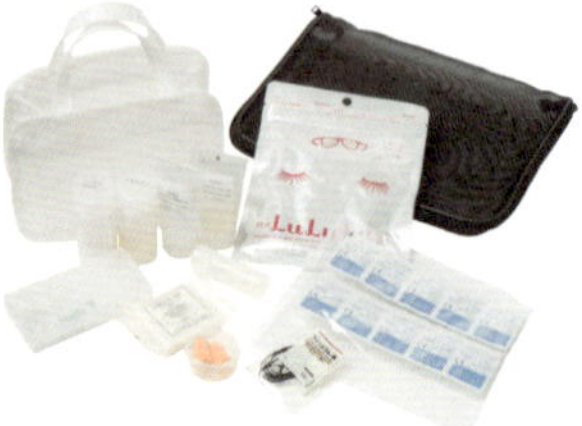

コンタクトや化粧品、耳栓(使わなかった)をポーチに入れて。個室についていた引き出しに入れていました。

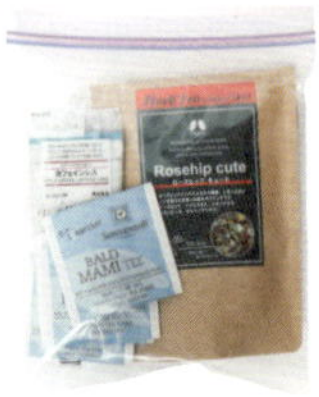

いただきもののハーブティ、無印良品のカフェインレス・インスタントコーヒーを密封袋でひとまとめ。

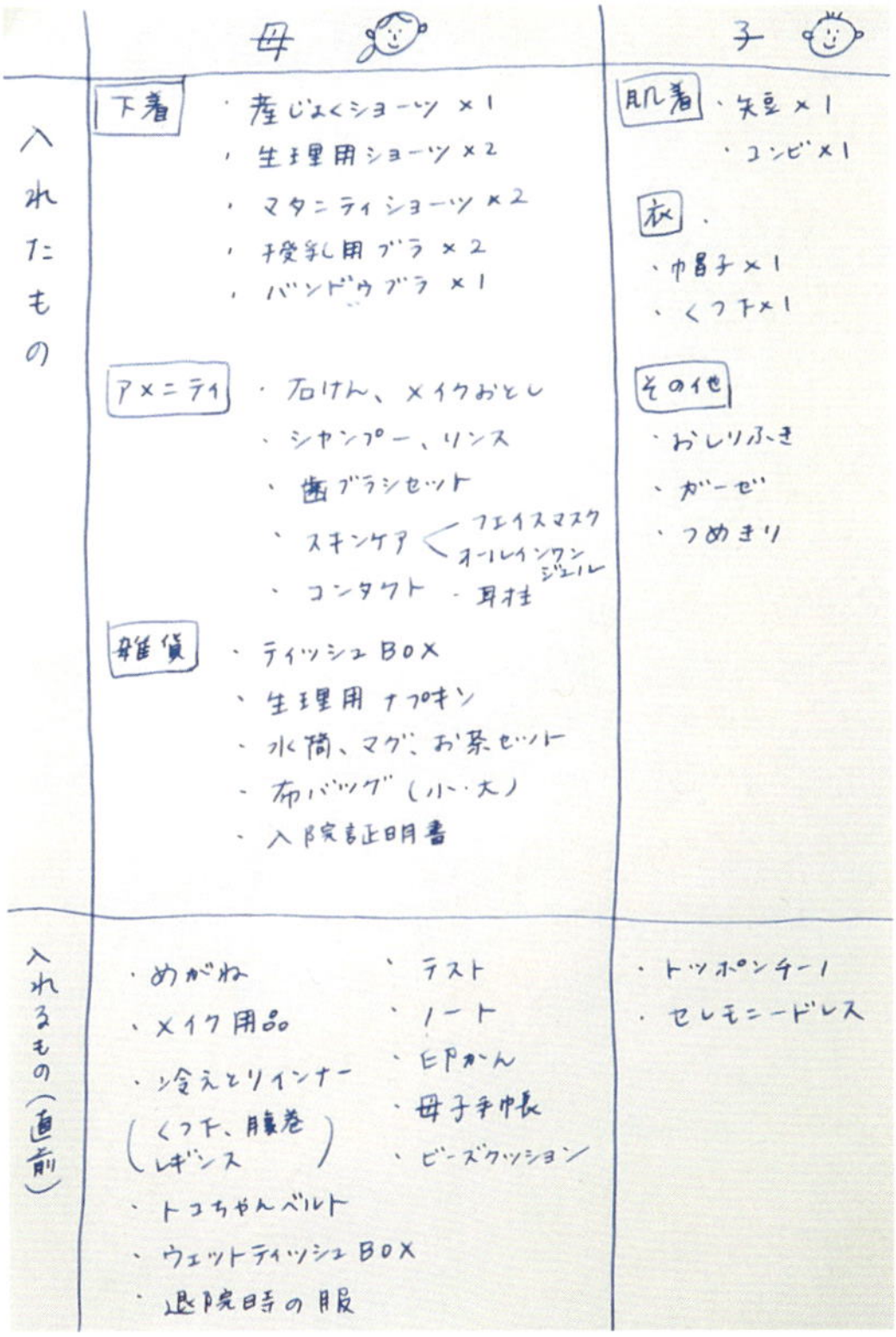

	母	子
入れたもの	下着 ・産じょくショーツ×1 ・生理用ショーツ×2 ・マタニティショーツ×2 ・授乳用ブラ×2 ・バンドゥブラ×1	肌着 ・短×1 ・コンビ×1
		衣 ・帽子×1 ・くつ下×1
	アメニティ ・石けん、メイクおとし ・シャンプー、リンス ・歯ブラシセット ・スキンケア＜フェイスマスク、オールインワンジェル ・コンタクト ・耳栓	その他 ・おしりふき ・ガーゼ ・つめきり
	雑貨 ・ティッシュBOX ・生理用ナプキン ・水筒、マグ、お茶セット ・布バッグ（小・大） ・入院証明書	
入れるもの（直前）	・めがね ・メイク用品 ・冷えとりインナー（くつ下、腹巻、レギンス） ・トコちゃんベルト ・ウェットティッシュBOX ・退院時の服 ・テスト ・ノート ・印かん ・母子手帳 ・ビーズクッション	・トッポンチーノ ・セレモニードレス

余裕をもって先に荷造りすべきモノと、普段使っているため入院直前に入れるモノに分けて、持ち物表を作っておきました。

新生児用に用意したモノ

①ツーウェイドレス　⑤帽子
②コンビ肌着　⑥くつした
③短肌着　⑦つめきり
④ガーゼ　⑧おしりふき

赤ちゃん用の小さなお布団、トッポンチーノ。のちに詳しく。(→P.46)

お世話になった産院では、普通分娩なら5日間の入院です。その間は家のように過ごすのだから、家と同じようにリラックスできるものを準備しておこうと思いました。

例えば想像以上に活躍したのが、無印良品のアロマディフューザー。自宅と同じアロマを焚《た》くことで、いつもと同じ香りに安心することができました。産院の個室は乾燥しがちだったので、加湿にもなって一石二鳥。また、保温のできる水筒とともにティーバッグを持っていきました。水筒にまとめて作っておけば、いつでも温かいお茶が飲めます。お茶セットは来客時にも活躍しました。

入院準備は、キャンプの準備をしている気分に似ていました。持っていかないとなくて、あったら嬉しいものを荷造り。移動先でも、少しでも心地よく過ごせたらと思うのです。

Q11 入院準備品で役立ったモノと不要だったモノは？

役立ったモノ

GOOD!

・ストロー付きボトルキャップ。

分娩時も使ったが、入院生活中
ベッドで飲むのに重宝した。（本多）
これなしには！　お産が長かったので
スポーツドリンク用、お茶用の2つ欲しかったくらい。
（C・Tさん）
他にS・Nさん、浅野さん、高梨さん、
K・Yさん、A・Kさんも！

・枕に敷くタオル（シーツの交換が１週間に１回なので）。（C・Mさん）

・乳頭用クリーム「ピュアレーン」。
入院中こそ必要性を感じたので。（C・Tさん）

・内履きを濡れてもよいサンダルにしていた。
お風呂上がりに濡れた足で履いたりしたので便利だった。（F・Kさん）

・火を使わないお灸、あずきのチカラ（レンジで温めるアイマスク＆
首湯たんぽで目元と腰を温めていました）。（M・Sさん）

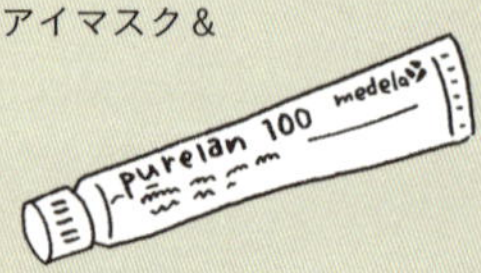

不要だったモノ

・産褥ショーツ。（本多さん、小林さん）

・多めに持っていった下着（C・Mさん、C・Tさん）

・娯楽関連のもの。入院中は授乳や講座など何かと忙しく、
隙あらば睡眠にあてたいので。（E・Kさん）

・出産中に聴こうと3枚にもわたって編集したCDを
一切聴かずに持って帰ってきました…（K・Yさん）

Q12 実際のお産の感想は？

ドラマや友人の話で痛さのあまり相当叫ぶと聞いていた。かなり壮絶な出産を想像しまくっていたのでそこまでではなかったかも。もちろん自分としては相当痛かったけど、後から立ち会った夫に「あまりにいつも通りで拍子抜けした」と言われた。（F・Kさん）

第1子→苦しい、つらいしかなかった。お産がきつすぎて、産んだ後の身体や縫い目の痛みはへでもないと感じた。第2子→和痛を選択。とにかく楽！体力気力ともに余裕があり、主人と談話しながら子宮口が開くのを待っていた。ちょっとしたら、次いきんだら出まーす！と言われた。これなら何人でもいける！と思いました。（浅野さん）

22時に破水から始まり、羊水が無くなってしまうのではと恐怖で震えがでてきました。妊娠時、出産の痛みについて考えたことがなかったので、それは想像を絶する痛みでした。1年間の生理痛が一気にくるような。夜通しで主人にテニスボールで押してもらいましたが暴れて主人の眼鏡を曲げ、分娩台に上がってからは気を失いそうでしたので、産まれたときは「やっと出てきてくれた～」という安堵感でいっぱいでした。（高梨さん）

時間が全然進まない！という一言に尽きます。お腹が痛くて痛くて1時間たったかな、と思うと10分しか進んでいない、みたいなことの連続で、静かなLDRで一人でごろんごろん転がっていると今がいつでここはどこでみたいなことが遠のいていった覚えがあります。（K・Yさん）

麻酔を入れた後、急激に体温が下がり体の震えが止まらず、死ぬかと思った。その後安定し、無事出産。出産時の感覚がなんとも快感で、「また産みたい～！」と余裕の発言を。その後1週間の会陰やら残尿検査やら腰やらおっぱいやらの痛みで、その発言は撤回された。（A・Kさん）

楽しかったです！子どもの姿を初めて見た時は、「これからは別々の人間なんだな」と「この子は大丈夫だ」と思いました。胎盤癒着が疑われていたので、ちゃんと胎盤が出るか、出血量はどうかなど出産してからが本番みたいな気持ちがどこかにあり、感動に浸る間はなかったです。（M・Sさん）

COLUMN 2

【夫と家事】

夫とは学生時代の同級生で、お互い25歳の時に結婚しました。豪快で大雑把な性格、細かい作業はとにかく苦手なタイプ(私にとってはそんなところが魅力の一つでもありますが)なので、最初は家事なんてほとんどできませんでした。いや、「やろうとしなかった」とも言えます。

新婚生活に終わりを告げる結婚2年目の結婚記念日、私はついに爆発してしまったのです。「なんで私だけが家事のこと考えなければいけないの？ 2人の生活なんだから2人で考えるものではないの？」と。号泣しながら訴える私の姿はかなりショッキングだったと思います。夫はそれから少しずつですが、家事に参加する姿勢を見せてくれるようになり、私は家事の手順やモノの在り処《か》をレクチャーしていきました。モノを収納するときは「夫にもわかりやすいように」という視点もますます大事になりました。各自が使いたいモノを自分で発見できること、使ったモノをちゃんと片付けられることは、夫婦円満の秘訣と言っても過言ではないと思います。これがスムーズにいかなくて、「あれどこ？」「あそこにあるじゃない！」という小さな摩擦が重なると、お互いのストレスになり、うっかりこじらせるとケンカにまで発展してしまうからです。

結婚2年目から家事デビューした夫ですが、それから子どもが誕生するまでの約4年間で、思えば彼の家事力はかなり向上しました。お皿洗い、洗濯干しからたたみ、簡単な床掃除、お風呂磨き…できる家事のレパートリーが増えたことも助かるのですが、私にとって何より喜ばしいことは「やるべき家事に気づく」ようになったことです。ある日の夕食後、キッチンに出しっぱなしだったおかずの残りや鍋に残ったご飯を、ラップして冷蔵庫へしまってくれたときは感動しました。これこそ、結婚2年目の私が求めていたことだったのです。小さくても積み重なれば面倒で時間もかかる家事を、一緒に崩しにかかってくれる感覚。「ありがとう！」と「嬉しい！」をとにかく伝えました。これは夫婦円満の先輩主婦に聞いた秘訣です。これで夫は明日も機嫌よく家事をシェアしてくれるはずです。

3章

0〜3ヵ月

赤ちゃんとの暮らしスタート

赤ちゃんとの暮らしスタート！

先輩お母さんから
「生活が一変するよ！」とは
聞いていましたが、
本当に大きな変化。何をするにも
赤ちゃんが泣いていない隙にと
ハラハラし通しで、
家事育児のシンプルで
効率的な仕組みが必須です。

退院後は、実母は自営で多忙という事情もあり、隣の市にある夫の実家に3週間里帰りしました。義理の母は息子の世話をしながら家事の一切を引き受けてくれて、様々な育児の基本を教えてくれました。言葉に尽くせぬありがたさ！

ところが、恵まれた環境にもかかわらず、2週間もすると我が家が恋しくなってきました。「あの家で、家事がしたい。暮らしたい」という気持ちがむくむくと湧き上がってきたのです。自分にとって〝暮らす〟とは心を整えるすべであり、自分でつくり上げたあの部屋を本当に愛しているんだなあと、実感しました。

さて、いざ自宅に戻ってみると、育児をしながら家事をこなす、その作業量の多さに仰天しました。それも、赤ちゃんの様子をうかがいながらであり、「母乳は足りているのか」「昼寝をさせすぎだろうか」と心配事を抱えながらでありと、心にも体にもゆとりが持てません。自宅は底冷えがひどく、温度管理にも神経を使います。左手は腱鞘炎《けんしょう》で痛むし、ご飯をゆっくり食べられないので、おにぎりやバナナを手づかみで補給。お風呂は赤ちゃんが寝ている間にダッシュで入り、身支度がおろそかになるので前の晩に翌日着る服を用意しておく新しい習慣もできました。

これまで「身軽に生きたい」が信条でしたが、産後その思いは一層強くなりました。すべてにおいて時間が足りない中、モノが多すぎて作業が複雑になることは避けたい。例えば、自分のワードローブも子どもの服もたくさんは持たず最小限の数で回す。家事は溜めずに、洗い物や掃除などの必要が発生したらこまめにこなす。何についても、選択肢は少なく、より単純な仕組みにしたいと思いました。

育児とモノ選び〈0〜3ヵ月〉

私のモノ選びの基本は、「簡単には取り入れない」。ベビーグッズも然《しか》りです。その一方で、予想もしていなかったアイテムが大活躍することも。入れる関所は厳しく設けつつも、本当に助かるアイテムは見逃さずに取り入れたい！

「子どもが生まれるとモノは増える」とは、よく耳にするセリフです。実際、整理収納サービスで伺うお宅にお子さんがいると、単純に人ひとり分のモノが増えるというだけでなく、子どもの「今使っているモノ」「出番待ちのモノ」「役目を終えたモノ」の管理が必要であることを目《ま》の当たりにしてきました。

気を許すとあっという間にモノは溢れかえります。最初が肝心で、「簡単には取り入れません！」という姿勢でいることを自分に言い聞かせていました。産前に準備したベビー用品は、退院当日から使うような最低限のモノのみ。着せる服が足りずにネットで買い足しもしましたが、すぐに届くのでありがたい時代です。

一方で、必要とは思いもしなかったモノが大活躍したりもします。なかでも、抱っこひもエルゴの「新生児用インサート」は当初の予定になかった買い物。息子が生後1ヵ月になる頃、人から「首が座っていなくても両手を離して抱っこできるから、家事がはかどる」と聞きました。寝かせておくと、すぐに泣いて家事の手を止めてしまうのが赤ちゃんの常。同時期に夫からも、「上司の奥さんが重宝しているらしい」という情報が入り、購入を決意しました。使ってみると本当に家事がはかどるだけでなく、外に買い物に出かけられるように。首が座るまでの2〜3ヵ月間、日々愛用です。

育児アイテムを購入する場合、使う期間が短くても、その間にすごく活躍するものであれば導入することにしています。そして初めての育児アイテムはどれも、物量が「0」から「1」に確実に増えるモノ。増えるにふさわしい活躍を見せるほか、使っていて愛着の湧くような見た目と、肌触りの心地よいものを選びたいという気持ちが強いです。

意外に
大活躍！

バランスボール

里帰りしていた夫の実家には、以前からバランスボールがありました。なんとなく赤ちゃんを抱えたまま座って、軽く弾んでいると、赤ちゃんがすうすうと眠ったのです。

それまで、多くの人が悩まされるように寝かしつけは大変でした。家族交代で抱っこして、縦揺れが好きな赤ちゃんのためにスクワット。大人はくたくたです。

バランスボールの貢献度はあまりに高く、自宅にも導入。狭い部屋なので、存在感のない無色透明を選びました。これが、購入当初から1年後の現在まで大活躍。ラクな寝かしつけ、筋トレ、椅子代わり、と様々な形で役立っています。

オプティボール65cm
（ギムニク／Ledraplastic）

トッポンチーノ

妊娠中、赤ちゃんの布団について調べている時に、画像検索で目に入ったのがトッポンチーノ。聞いたこともなかったアイテムですが、新生児でも安心して抱っこできる、寝かしつけやすいなど、様々な場面でサポートしてくれるとのことで購入を決めました。

要は赤ちゃんサイズの小さなお布団なのですが、乗せたまま抱っこすると赤ちゃんの背側全体がくるまれて安定し、母子ともに安心できます。そのまま抱っこの交代もしやすく、バウンサーに移す時もひょいっとトッポンチーノごと。添い乳の時に位置を調整しやすいのも助かりました。

抱っこで寝かしつけても、背中にスイッチでもあるかのように赤ちゃんは置くと泣いてしまうもの。背中の温度が変わらないせいか、その確率が低くなるのがありがたかったです。

トッポンチーノ

モンテッソーリ教育で赤ちゃんの環境に最適と言われている小さなおふとんのこと。（「わたしのトッポンチーノ」http://www.topponcino.com/）

バウンサー

思いがけず、知人が譲ってくれたバウンサー。自分で買うつもりはなかったのですが、これにどれだけ助けられたか！

新生児期から、乗ればゆらゆらとご機嫌。折り畳めるので里帰り先にも持って行き、義母から「こんなにいいものがあるのね！」と絶賛されました。

寝返りが始まる5ヵ月くらいまでは、日中の起きている時間の多くはバウンサーで過ごしていました。視線が高くなり、大人と向き合えるのが嬉しそうな様子です。友人から「出産祝い何がいい？」と聞かれ、バウンサーにつけるおもちゃをお願いもしました。成長とともにおもちゃを回して遊ぶようになり、その間に雑事をこなせたこともとても助かりました。

9ヵ月を過ぎると、寝る前のフォローアップミルクをここで自分で持って飲むように。1歳近くまで、長く使える大活躍アイテムでした。

バウンサー

首すわり前の1ヵ月（3.5kg）頃から使用可能。スウェーデンのベビービョルン社製。（ベビービョルン http://www.babybjorn.jp/）

「モノにこだわる」「なるべく家に入れない」という私の信条を知ってくれている友人たちは、みんな口をそろえて「何がいいのかわからないから、ほしい出産祝いを教えて！」と聞いてくれました。ありがたく、まさに今ほしいモノや、あったら便利だろうけど自分で買うのは迷うようなモノをリクエストさせてもらいました。

助かった！リクエストお祝いの品々

授乳用クッション

友人が実際に使ってよかったというモノ。毎回の授乳が劇的にラクになりました。（トコちゃんベルトの青葉）

バウンサー用おもちゃ

くるくる回って色合いも鮮やかなので、息子の食いつきがとてもよかった。（ベビービョルン）

お風呂用浮き輪

5ヵ月頃から使い始めました。これを付けてお風呂のフチにつかまり立ちしてもらえば、母も自分を洗えます（目は離しません）。（スイマーバ）

ベビー用体温計

耳に当てると一瞬で測れます。ムラがあるので数回左右の耳で確認するとベター。（オムロン）

授乳用ブラジャー

妊娠中から愛用していた授乳用のブラジャー（→P.12）で、替えがほしいと思いリクエスト。（モーハウス）

ブランケット

肌触りのいいブランケットは、お昼寝、車内、ベビーカーでと、様々なシーンで赤ちゃんを包んでくれます。使う場所ごとにスタンバイさせておくと便利。（ベアフットドリームス）

フード付きバスタオル

フードを頭にかぶせてくるむと、手早く体中を拭くことができます。包まれた様子も可愛くて、お風呂時間が楽しいものに。（ファミリア）

先輩ママパパのセレクトアイテム

「実際に使ってみてよかったから」といただいたモノは、実用的でとても重宝します！

産後買い足したモノたち

生まれてみると、必要を感じるモノは続々と出てきます。最小限の準備で物量を抑えていたことと、事前に大人のモノを減らしてスペースを空けておいたことは正解でした。

おくるみ

「赤ちゃんは、まっさらな白で包みたい」という思いがあり、白無地を探して買いました。肌触りがとてもよく、洗うほど柔らかく肌になじんでいきます。おくるみ、タオル、日よけとして……と万能で、今や友人の出産祝いにはこれを贈っています。(シルキーソフトスワドル／エイデンアンドアネイ)

デジタル湿温度計

床暖房も完備の暖かい里帰りから自宅に戻ると、築約50年の鉄筋住宅の寒さがこたえました。赤ちゃんが冷えないよう、寝る時は枕元、お風呂では脱衣場にと移動させて温度管理。(無印良品)

抱っこひも

お古のスリングで抱っこひもの便利さを知るも、スリングでは両手を自由に使うことがはばかられます。両手の空く抱っこひもと新生児用インサート(写真左)で解決。(エルゴ)

0ヵ月の赤ちゃん服

産後にネットで買い足した3枚。汚れたらすぐに洗濯して干すようにしていたので、新生児期は3～4枚ほどの服で足りました。吐き戻しのない子で、1日に何度も着替える必要がなかったということもあります。

(①③⑤PRISTINE ②people Tree ④fog linen work ⑥F/style ⑦smartwool)

赤ちゃんのお世話

その1 母乳のこと

出産した病院は母乳育児に積極的ではなく、吸わせ方など義理の姉に教わって体得しました。最初は出も悪く、赤ちゃんが焦《じ》れてかんしゃくを起こすと吸うどころではありません。少しミルクを飲ませて落ち着かせてから、母に10分ずつ吸わせてごらんと教わり、トライ。

出なかったり、張りすぎて痛いのに赤ちゃんは寝ていたりとうまくいかない中、乳首に白斑としこりができてしまったことも。とにかくたくさん吸ってもらって、2ヵ月くらいでようやく需要と供給が安定しました。

おっぱいがまだ安定せず過剰に張ってしまった時は、搾乳機で絞って哺乳瓶で授乳。使用回数からいくと、手動のものでもよかったかも。(Medela)

おっぱいのところが開けられる授乳パジャマ。結局、そこではなくボタンを外して胸を出していました。

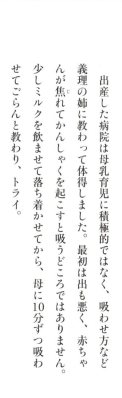

その2　おむつのこと

布おむつに興味がありましたが、産後すぐは余裕もなく紙おむつを選択しました。うんちもゆるゆるで、「これを布にされて洗濯するのは……」というひるみもありました。けれど新生児の頃は特に、夜昼なくうんちを小出しにし、1日に10枚は余裕で消費。おむつが外れるまでに、この子ひとりでどれだけのゴミを出すのだろうと少し抵抗を感じました。また小出しのせいで生後2ヵ月になる頃にはおむつかぶれに。肌に優しい布おむつのことをまた考え始めていました。

おむつセットにコットンとボトル、ガーゼを常備。うんちに気づいたらボトルにお湯を入れ、直接シャワーのようにおしりを流しつつ、コットンでふきふき。最後にガーゼで水気を押さえて。

ガーゼはろう引きの厚手舟形袋に収納。産前にひと目惚れして購入したもの（→p 28、瀧川かずみ）

その1

悩ましい抱っこひも選び

ディテールに弱い私にとって、機能がさまざまに違い、選択肢が多すぎるモノ選びは苦痛です。例えば、抱っこひも!

昔のお母さんはひも一本で赤ちゃんをおぶっていましたが、現代のお母さんにはものすごい種類の抱っこひもが存在します。肩に負担が少ないもの、前向きで抱っこもできるもの、小さく畳めるもの、高いもの安いもの……。モノは好きですが、こう多機能でディテールに違いがあるモノとなると途端に敬遠してしまいます。モノはシンプルで、こちら側で使い方を工夫できるくらいの方が熱が入る。

そんなわけであまり比較もせず、友人の多くが使っていて評価の高い、エルゴを選びました。これまでエルゴユーザーを見てきて、濃い色のモノは色あせしやすいんだなと感じていたのでベージュを選択。自分のワードローブに馴染む色であることも意識しました。

実際に使ってみると、太いベルトのおかげで長時間の抱っこも負担を感じません。海外のメーカーのせいか、大柄な夫でも装着できるのでとても助かります(交代する時、ベルトを4ヵ所調整しなければなりませんが……)。最近では私の母もエルゴで抱っこして散歩に連れ出してくれます。普段は車生活の母でも、孫とならこんなに歩けちゃうんだ! と驚くほど。エルゴのサポート力に感謝です。

周りの人の抱っこひも考

息子は大きく生まれて大きく育っているのでエルゴがピッタリですが、小柄な赤ちゃんだと股間の開きが大きすぎて、小さいうちはお尻を支えて少し浮かせていないと不安だったという声も。小柄な女の子のお母さんの中には、「napnap」の抱っこひもがちょうどよかったと話す方も(73ページの浅野さん)。「napnap」は日本人が考案しているので、小柄・細身のお母さんにも、よりフィットするようです。

いざ！
装着します！

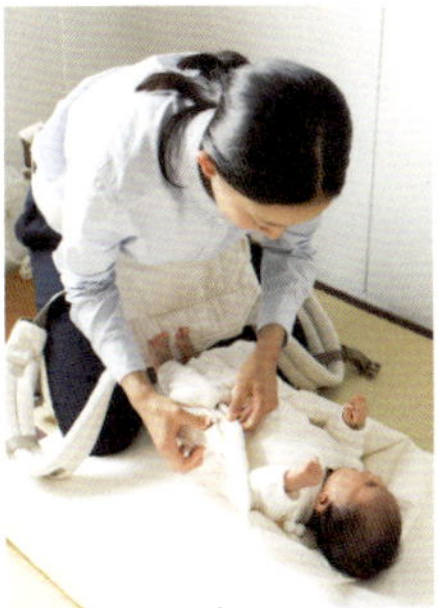

① インサートの上に赤ちゃんを仰向けに置いて、ベルトを留めます。エルゴ本体の腰ベルトを、あらかじめ母の腰に装着しておくとスムーズ。

↓

② 赤ちゃんの首を支えつつ、インサートごと縦抱っこして。

↓

よいしょっと

③ 赤ちゃんを覆う形でエルゴ本体を装着します。

↓

④ 位置を調整し、背中の上の方で肩ベルトを固定したら完成。

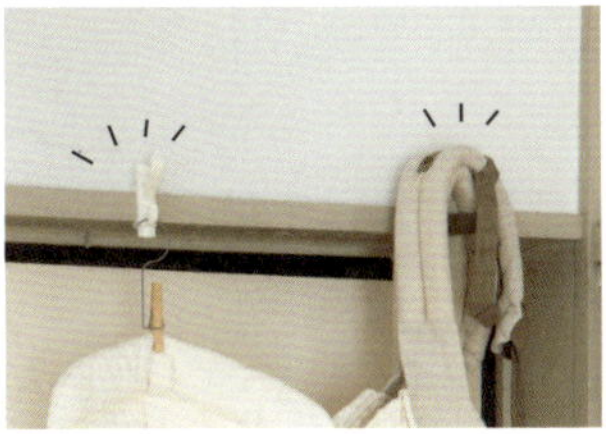

エルゴの収納は？

ベルトが太くて長くて意外とかさばるエルゴは吊るして収納。すぐに取ったり片づけたりもしやすいです。かもいに付けた100円ショップの「かもいフック」に両肩のベルトをかけて。隣にフック付きピンチで挟んだインサートを吊るしています。

できた！

Q13 活躍したベビー用品のベスト3を教えてください（活躍時期が長いもの、短いものどちらでもOK）

※(　)内…アンケートお答え時のお子様の年齢

E・Kさん（11ヵ月）
①「ベビージム」（見ているだけだったのが、触るようになり、つかむようになり、成長がわかって楽しい）。
②D BY DADWAYの「おくるみガーゼストール」（大判なのに薄くて使いやすい。冷房防寒対策、自分が巻いてもかわいい）。
③お宮参りでもらったでんでん太鼓（音がなると上機嫌。ひもと小さな玉を触って楽しんでいたり、振って音が鳴るように動かせたり）。

K・Yさん（1歳3ヵ月）
①「6WAYジムにへんしんメリー」（6ヵ月くらいまでの泣き止ませ、寝かしつけに必須！で、本当〜〜に助かりました）。
②D BY DADWAYのブランケット（お昼寝したときにかける、秋冬の外出時の防寒に大活躍でした）。
③KATOJIのバウンサー（母が食事をとるとき、調理をするときなどちょっと待ってもらうときに活躍しました）。

M・Sさん（10ヵ月）
①コンビ「おしりふきウォーマー」（冬生まれだったのと、3ヵ月くらいまで1日10回ウンチをしていたので）。
②リッチェル「ひんやりしないおふろマット」。
③イブル（ハイハイ前は昼間の居場所として、今はお昼寝布団としてリビングに置いています）。

A・Kさん（2ヵ月）
①ババスリング
②吐き戻し防止まくら
③ハナとりピンセット

C・Tさん(4ヵ月)
①ベビービョルンのバウンサー…昼間の居場所に。
②ボバラップの抱っこひも…寝かしつけにすごい力を発揮してくれた。月齢が低いときにgood！
③STOKKEのベビーバス…大きめだしデザインも◎、たためるのも嬉しい。

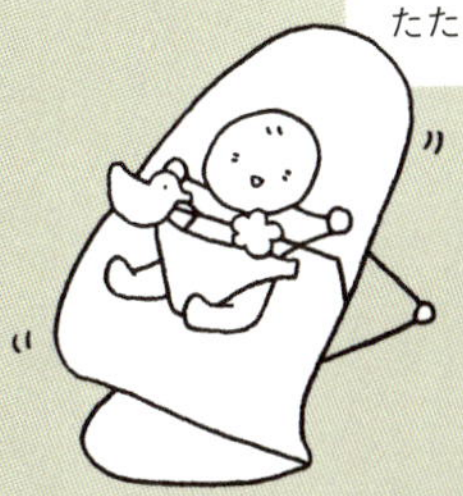

F・Kさん(1歳)
①授乳クッション(最近までこれがないと授乳できないと言っても過言ではなかった！息子が大きめなので特にありがたく感じた)。
②おしりふきウォーマー(スチーム効果でウンチが取れやすい気がする)。
③ベビーカー(息子が重い事が原因で腰痛や肩こり、乳腺炎にまでなった。できるだけベビーカーで移動している)。

C・Mさん(5ヵ月)
①リッチェルの離乳食スターターセット(食器)。ふたごとトレーにのせて温められる。離乳食の準備は大変なので少しでもラクをしたくて。
②コンビの離乳食調理セット。コンパクトにまとめられるのと、ちょっとしたときの作業に便利。
③ベビー浮き輪。自分が体をあらうとき、拭くときに一時的に浮かせられる。

S・Nさん(9ヵ月)
①エルゴ
②ベネッセ・アフタヌーンティコラボの夏用ケープ(抱っこひもに付けられ、授乳ケープにもなるタイプ)。
③「Sleeping Baby」というオルゴールの音源。

育児と家事〈0〜3ヵ月〉

家にいる時間が長い今こそ、家事の流れをスムーズにし、家の居心地をよくしていたいと思います。掃除も、出産前よりきちんと取り組むようになりました。赤ちゃんのために加え、自分が家で快適に過ごせるように。

家族が増えれば炊事も掃除も洗い物も、すべての家事量が増えるもの。その家族が赤ちゃんともなれば、大人とは使うモノもペースも違うため、手間はなおさら大きくなります。一方で、育児に時間を取られ、家事に費やせる時間は大幅に減少。限られた時間の中で、いかに効率的に処理できるかが大きなポイントです。

心掛けたのは、家事を溜め込まずに少しずつでも処理していき、むしろ先へ先へと追いかけるようにこなすこと。カップやお皿など、数個でも使ったらそのつど洗ってシンクはいつも空っぽに。むしろ次の食事に備えて食器をお盆に用意しておく勢いで。大切なのは、次の動作にスムーズに移れるようにしておくということ。この「細切れ家事」と「家事貯金」、いつもの雑事を少しラクにするための「ルーティン」を加えることで、日々を乗り切っています（詳細は次ページ以降で……）。とはいえ、予測もコントロールも不能な赤ちゃんをみながらですから、思い通りにいかないことも多々あります。そんな時はつい、イライラ。だからこそ、夫との家事の分担は絶対に必要！　結婚したての頃は何もできなかった夫に、少しずつ食器洗いや洗濯物干しを覚えてもらったことが、大きな戦力を生み出しました。これからの戦力アップも期待しています。

産後の掃除事情

妊娠中に、寝室を「何も置かない」スペースにしておいて助かったと感じています。床に何もない部屋は掃除機がかけやすく、空間を広々と活用できます。このおかげで、朝の掃除がとても効率的になり、気軽に毎日の習慣にすることができました。

布団をあげたら赤ちゃんをリビングにあるバウンサーにのせ、ザザッと寝室を掃除機がけ。

寝室

リビング

敷いてあるのはヨガマット。バウンサーの足で畳を傷つけないためですが、敷いてあるとストレッチをする気になるメリットも。

寝室

結露してしまうので窓と窓際の床・壁を拭きます。

リビング

おむつセット、赤ちゃんをバウンサーと共に寝室に移し、バランスボールやビーズクッションをソファに上げてリビングのほこりを取ったり、床を掃除機がけしたり。

細切れ家事

赤ちゃんのいる一日を詳しく眺めてみると、実は「家事をする時間」がないというより、「まとまった時間が取れない」という方が当てはまります。ならば、家事がまとまってしまう前にこなしていくのが得策。赤ちゃんを気にしながらなので、少しずつの方が気分的にも負担がありません。

以前は食器洗いの回数を少なくしようと、ある程度まとめて洗っていました。今では洗い物が出るたびに、数個でもすぐに洗います。すると料理やシンクでの沐浴に取り掛かりやすく、次の業務の時短にもつながるのです。

トイレも「ついで」掃除。使った時にどこかをフキフキ。

貯金① 畳んで干す

軽いので濡れている時の方が畳みやすいガーゼは、畳んだ状態で干します。それでもすぐに乾くし、取り込んですぐにしまえます。当初は畳まず収納するつもりでしたが、口を拭くときに畳んである方が拭きやすいとわかって。

家事貯金

空いている時間に先を読み、次のステップがラクになるひと作業を済ませておきます。家事は細切れ、かつ前のめり気味で片づけていくと全体がうまく回ることを実感。本当に時間の取れない時に、このちょっとした準備に大きく助けられ、少し前の自分に感謝することができます。

出産前から常備菜を作っておくなど家事貯金は心がけていましたが、慣れない育児で余裕のない「〝少し先の自分〟に、さらに優しく」がモットーとなっています。

貯金② 盛りつけて冷蔵庫に

産後数ヵ月は、母が週に2回ほどおかずを作って持ってきてくれました。すぐにお皿に盛りつけて、冷蔵庫でスタンバイ。電子レンジでチンすれば即食べられるようにしておきました。

貯金③ ホーローで作りおき

豚汁をまとめて作ってホーロー容器に小分けしておくと、そのままコンロにかけてすぐに食べることができます。温め直したい汁物はホーローで保存。

貯金④ おにぎり常備

夜は授乳のたびに起きるので、朝決まった時間になかなか起きられませんでした。夫の朝食にと寝る前におにぎりを作っておくように。ついでに自分の分も作っておくと、授乳しながらでも片手で食べられて重宝。

家事のほどほどルーティン化

ついで掃除のように気構えのいらない家事はいいのですが、「ルーティン」としてしまうとちょっと気が重く感じます。

すべての家事をルーティンとするのではなく、状況や気分によって自由にやれる気楽さを残しておきたい。だから、ルーティンは翌朝のゆとりにつながる夜家事と、朝掃除くらいに絞りました。

そして夫にも共有し、私が寝かしつけや授乳をしている時はやってもらうようにしました。

ルーティン夜家事①

夜のうちに洗濯し、ベランダへ干しておきます。冬場は加湿のため室内に。朝の家事をひとつ飛ばせるルーティン。

ルーティン夜家事②

寝る前にはシンクに何も残っていないようにします。排水口もササッと掃除して、翌朝気持ちよく一日をスタートできるように。

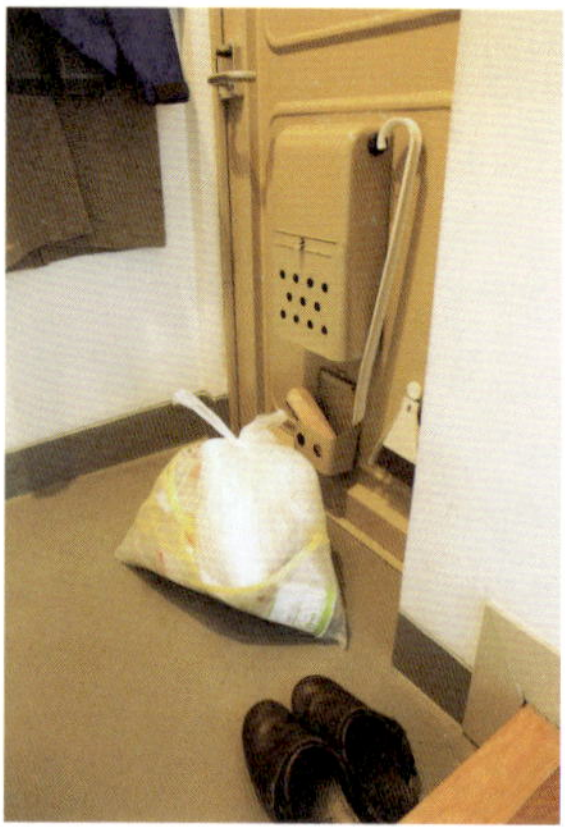

ルーティン夜家事③

翌朝出すゴミを夜のうちに玄関にまとめておきます。朝バタバタ集めて回らなくて済むし、忘れることなく出がてらの夫に託すことができます。

Q14 育児中の家事の工夫（すき間時間、短時間で終わらせるなど）があれば教えてください

赤ちゃんが起きているときは無理をしない程度の家事しかしないようにしています。１日単位ではなく、１週間単位で家事をするように意識しています。主人が休みのときにするもの、天気がいい日にするもの等。ハイハイができるようになってからは、一緒にハイハイしながら床拭きをしたりし、遊びながらできるように工夫しています。野菜はカットして冷凍したり、常備菜を冷凍したりしています。（高梨さん）

朝に時間があるので洗濯・料理は済ませ、出かけるときにルンバと食洗機を回す。使える家電は使うに限ります！（E・Kさん）

おぶいながらできる家事はごく普通にこなします。集中したい事務仕事は寝ているときなどに。歩くたびになにか用をすます（洗濯物をしまいに行くなど）。（C・Mさん）

出かけるときにルンバで掃除。お料理はコープデリの商品は焼くだけといったものが多く、とても便利で使い勝手が良い。エルゴラピードの掃除機（コードレス、ハンディタイプ、布団掃除機を兼ねるタイプ）で気づいたとこだけお掃除（がっつり掃除は週１回…）。（S・Nさん）

食洗機フル活用、夫が夜に洗濯、（機械と夫に頼る）。（A・Kさん）

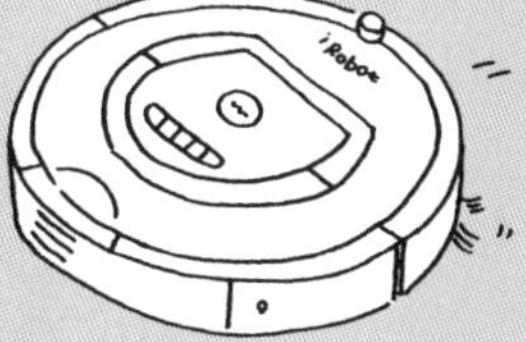

いま後追い期のようで、私が台所に入ると泣くので、子供が起きている時間は子供との時間と思って台所仕事をしていません（どうしても必要な時はおんぶで）。大人の夕食の準備や部屋の片付けは子供を寝かしつけた後（19時以降）にやっています。窓拭きや洗濯物干し・たたみは、子どもが見ているのが楽しそうなので見せながらやっています。（M・Sさん）

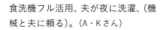

育児と収納〈0〜3ヵ月〉

赤ちゃんと生活しながら、どこに何があれば便利かを模索します。収納は、日常の観察、実行、改善と、試行錯誤の実験です。

モノを「どこに収納するか」を考える時は、日常を観察し、「どこでよく使うか」を知ることから始めます。赤ちゃんの生まれる前に観察はできないので、細かい収納は生まれてから考えることにしていました。

実際に生まれてみると、赤ちゃんのグルーミング用品はほかのモノ以上に「必要な時にすぐ取れる」、しかもできれば「片手で取れる」場所にあることが重要だとわかりました。

例えば、抱っこしたまま口を拭くガーゼを取りたかったり、授乳中に爪切りを取りたかったりする。まだ授乳回数の多い小さな赤ちゃんとの生活では、身軽に動けない状況が多いこと！

そしてこれも収納の基本ですが、「家族にもわかりやすい」ことがさらに大切に。家事も育児も夫の協力が不可欠ななか、必要なモノのありかが夫にわからなければスムーズな補助に入れません。わかりやすさの秘訣は、「グルーミング関係」「おむつ関係」など関連のモノをできるだけまとめること。そして、ひとめで見てわかるようラベリングすることです。

また、短い時間で効率的に家事をこなさなくてはならないため、掃除のしやすい部屋であることも肝要。ほこりをサッと拭えるように、床や棚の上に置くモノは最小限にしています。

過ごすことの多いソファ横に木箱を立てて棚にしています。息子の様子をすぐに撮れるよう、ビデオカメラはここに。

赤ちゃんグッズの収納

グルーミング用品

赤ちゃんと過ごすことの多いソファのテーブル棚に、グルーミング用品をまとめておきました。お世話の必要を感じた瞬間に片手でサッと取れるのが便利。

おむつ入れ

妊娠中にガーゼ入れとして購入していたろう引きの舟形袋がとても使いやすかったので、紙おむつ1パック分を収納するための大きいものを産後に買い足し。パックのままより落ち着くし、取りやすい。舟形袋のふちにクリップでビニール袋を下げ、そこに使用済みを捨てていました。

(P.28、51)

おもちゃ入れ

以前から愛用していたF/styleの収納アイテム。以前はランドリー用品を入れていたものを、おもちゃ入れに転用しました。カラフルなモノを入れても、実用的ビジュアルのバケットで中和されて部屋なじみがいい気がします。布なので赤ちゃんが当たっても安全、放り込むだけなので片付けがラク。(F/style　ステインプルーフバケット)

ラベリングで家族にもわかりやすく

棚上のパルプボード引き出しに、上は「文具」下は「母子手帳」とラベリングして収納。

押し入れのリビング寄りのベビー服を入れた引き出しは、ラベリングをしてわかりやすく。

冷蔵庫のわきに、使用済みのガーゼ入れをマグネットフックで吊り下げ。リビングで使ってすぐに届く位置であり、洗濯機までの動線上にあります。

リビングのファイルボックスに、赤ちゃんの書類や冊子をまとめたポケットファイルを一冊。ページの端に内容をラベリングして見つけやすく。

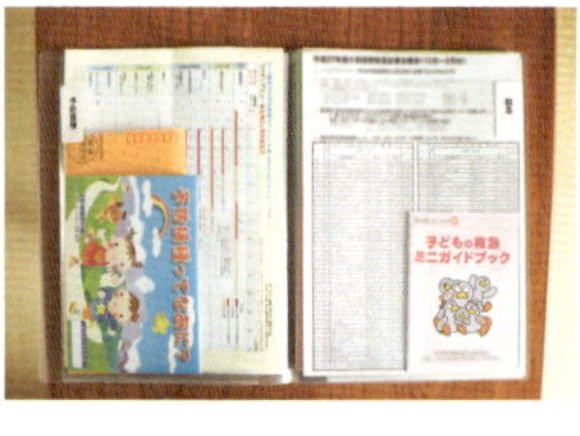

母子手帳ケース

なるべくモノを増やしたくなかったので、母子手帳ケースはいらないかな、と購入しませんでした。ところが出産後、赤ちゃんには保険証、子ども医療受給資格証、各病院の診察券、お薬手帳など、細かな書類やカードがいろいろと付随してきたのです。これは、まとめておかないと忘れたり無くしたりと大変なことに。しかも、抱っこをしながら取り出す時に、ひとまとめに出てきてほしい。

いいケースと出会ったら買おうと思っていると、無印良品で目に入ったのがパスポート用のケース。サイズ的に母子手帳にぴったりで、カードポケットもメッシュで見やすい。そして母子手帳ケースとしては見かけないシンプルなデザイン。スリムで、バッグや収納の中でスペースも取りません。

改めて、モノはシンプル・多用途・実用重視にかなうものはないなあと感じました。

この頃のお出かけセット。産前から使い慣れている、お気に入りのトートバッグを引き続き愛用。中身はポケットやポーチで小分けして取りやすく。

夕食時に炊いたご飯の残りをおにぎりにしてラップをかけスタンバイ。翌朝すぐに食べられるものがあると安心。

pm

1	2	3	4	5	6	7	8	9	10	11	12
	パソコン(仕事、雑務)		スーパー買い物	洗濯物片づけ	お茶沸かす	夕食準備	夕食	母↓父・息子お風呂 洗濯(2回)	明日の朝食準備	就寝	

赤ちゃんが寝ている間にダッシュでお風呂。洗って、服着て、スキンケアして、髪乾かして、歯磨いて…の一連の身づくろいを毎日とにかく焦って行う。ママは産後しばらく自分のことは後回しとはよく聞いていたけれど、こういうことかと実感。

スマートフォンでアプリ「授乳時計」を使っていました。頼れる私の相棒。

生後1ヵ月のタイムスケジュール

授乳中はとにかく喉が渇くので、すぐに飲めるようお茶を1ℓ作ってポットにスタンバイ。

冷蔵庫にある器に盛ったおかず(→p.59)をレンジでチンするだけなので支度は5分。母へのありがたみをかみしめる瞬間。

am	1	2	3	4	5	6	7	8	9	10	11	12
生活							起床　部屋掃除(20分)	着替え・お茶沸かす・朝食	抱っこ(エルゴ)		昼寝	昼食
おっぱい	●				●		●		●		●	
おむつ	●				●		●				●	●
ねんね												

赤ちゃんはとにかく上下運動が大好き。抱っこしたままスクワット→運動にもなり一石二鳥。

Q15 内祝いに選んだものを教えてください

亀城庵うどんセット、とらや「あんペースト」。(C・Tさん)

遠方の親戚には出生体重の米を写真とメッセージ付きのパッケージで送りました。(E・Kさん)

お菓子(ヨックモック)、出汁パック(茅乃舎)、ごはんのおかず、ロクシタンのセットなど人によってお返しは変えた。里帰り中は近くにデパートなどないので、三越伊勢丹×赤すぐのネットショップを活用した。カードも付けられて便利。(F・Kさん)

友人:アンリ・シャルパンティエのお菓子、キャスキッドソンの紅茶セットなど。親戚:今半の牛しぐれセットなど。(S・Nさん)

ロミ・ユニ コンフィチュールのBebe缶セット(タグ付)→ロミ・ユニの商品、自分がもらったら嬉しいなぁと思いネットを見てみたら、ちょうど内祝いギフトセットがあって重宝しました。タグに子どもの名前をさりげなく入れてもらえるのも嬉しい。可愛いものが好きそうな人に。(本多)

久原本家 茅乃舎のドレッシングセット→お子さんのいる方、家族の多い方に差し上げて「美味しかった」と好評でした。(本多)

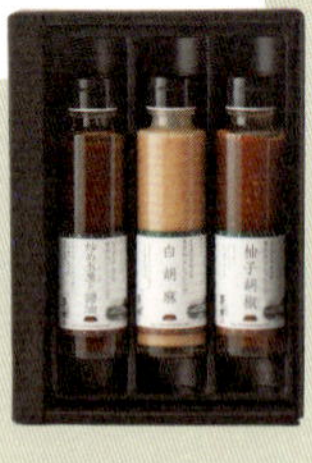

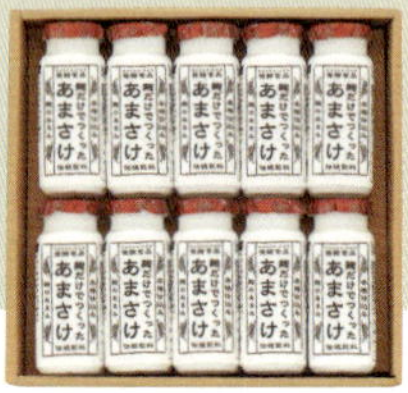

ハロッズの紅茶セット、カレルチャペックの紅茶セット、ミナペルホネンのミニトートバッグ、風呂敷。(高梨さん)

千年こうじやのあまさけミニセット→自分もよく飲んでいておいしいと思ったので。夏バテ防止に初夏の頃(7月)よく贈りました。健康への気遣い意識の高い方にとても喜んでもらえました。(本多)

Q16 沐浴、赤ちゃんとの入浴はどのようにされていましたか？

アウトバス方式(沐浴桶は使わずマットの上に子供を乗せ、直接シャワーで洗い流す。病院で推奨していた)（A・Kさん）

1ヵ月半まで：ベビーバス(リッチェルの空気を入れるタイプ)をキッチンのシンクで。以降は普通のお風呂で。洗い場ではバスチェアを使用。(S・Nさん)

膨らませるタイプのベビーバスを譲りうけて、お風呂場の中で使用。現在は膝の上にのせて体を洗い、湯船に。ベビー用浮き輪が役立ちました。(C・Mさん)

3ヵ月までは空気を入れるベビーバスを2つ用意して(洗い用とあったまる用)沐浴させていた。それ以降はお風呂にお湯を張って一緒に入っている。生まれた直後、乳児湿疹や脂漏性湿疹ができやすかったので、夏は朝晩入浴していた。(F・Kさん)

沐浴は台所でリッチェルの沐浴用バスで。現在は普通にお風呂で抱っこしながら。私が自分自身を洗いたいときはスイマーバを使って娘はプカプカと。スイマーバは息子の時もかなり使いました！（浅野さん）

沐浴は洗面台にて湯を張り、ベビーソープで洗っていました(夫が)。一ヵ月後からは湯船で一緒に入浴。イケアのトロファストの大きなボックスが一人用湯船にちょうど良いです。(E・Kさん)

新生児期から、かなり長い間STOKKEのベビーバス(大きめ)を使っていました。現在は一緒に湯船につかっています。1人でお風呂に入れるので、入る前にバスタオルやおむつなどをセッティングし、湯船につかる→赤ちゃんの体を洗う→母の体を洗う(この間、バス用おもちゃで少し遊んでいてもらう)→もう一度お湯につかるという感じで、なんとかしのいでいます。(Y・Kさん)

沐浴は夫の担当で、出社前の9時頃にリッチェルのベビーバスでキッチンのシンクで。離乳食が始まってからは私が夕方にリッチェルのひんやりしないおふろマットを使って頭と顔、体を洗い、シャワーで流して、一緒に湯船に浸かっています。(M・Sさん)

❶ みんなの育児リアル取材 ― 浅野佳代子さん

PROFILE

東京板橋区のギャラリーfudo kiにおいて、医療、ヨガ、アートなど各分野の専門家とイベントを開催する「space aamu」を主宰。家族構成は佳代子さん、夫、息子(取材時3歳)、娘(同6ヵ月)の4人。縁側でゆるくつながる3世帯住宅で、義両親、義兄弟の家庭と日常で行き来があります。お家の間取りは4LDK。

生き方やセンスから、いつも学ばせてもらうことの多い佳代子さん。多忙な中でも自分の時間はちゃんと持っていて、1日の中に必ずコーヒータイムを入れているそう。ドリップ中に子どもに呼ばれたら、コーヒーと雑誌を持ってそばに。ほんの5分でも暮らしに句読点を打つことで、満足とメリハリを得ることができるのです。そんな佳代子さんでも、「ストレスで夫に爆発したこともありました（笑）」と。ポジティブな佳代子さんにもそんなことが、と少し心強く思ってしまいます。また、「今はイライラが溜まってきたら、たまには子どもたちを夫に預けてひとりで出かけたり。でも長男がしゃべるようになってから、どんどん育児がラクで楽しくなっています」とも。

　子どもを産んで、「産後ママを救う場所が少なすぎる」と感じた佳代子さん。作業療法士だった経験を活かして妊産婦さんや地域の人々の力になりたいと、共に学び、豊かな時間を共有する場「space aamu」を立ち上げました。育児をしながら大変と思いきや、そんな企画をする時が一番のストレス発散になるのだとか。育児、自分時間、仕事……すべてに前向きで楽しそうな姿に感銘を受けます。

大活躍！ 浅野さんの、ベビー用品ベスト3

①無印良品のごろ寝マット

娘を遊ばせたり、ちょっと寝かせたりするのにとても便利。

②ベビービョルンのバウンサー

自重で揺れるのでご機嫌。ここに座らせて、そばでお弁当を作ったり、洗濯機を回したり。

③イングリッシーナ

隣の義両親宅や外出先にも担いで行ける手軽なベビー椅子。

赤ちゃんの日中の居場所は？

リビングに敷いた無印良品のごろ寝マットでごろごろしているか、バウンサーに。そばにいれば安心するので、バウンサーを移動させて家事に付き合ってもらったり。

夜寝る場所は？

小さめのベビーベッドを、夫婦と長男の3人で寝ているベッドに並べています。柵がネットなのでぶつかっても痛くないし、横たわりながら目を合わせられるのがいいところ。

木の温かみが好きです

木のぬくもりを感じるベビーゲートやマットなど、「使い勝手」と「デザイン」の両方で納得のいくモノを探し抜く姿勢が素晴らしい佳代子さん。基本的な考え方は「一時期しか使わないモノはいらない」ですが、木のアイテムが好きすぎて、時に必要度の低いモノにも「あ〜！」と惹かれてしまうとか。わかります。

木製の危険防止ゲート

お住まいは、建築家の中村好文氏による名邸。「日本育児」の木製ワイドゲイトがぴったりマッチしています。

子ども部屋のマットも

木のフローリングが好きだけど、転んでも衝撃の少ないマットも捨てがたい。ということで木目調のジョイントマットを導入。

Q 赤ちゃんグッズの収納、どうしていますか？

洋服は子ども部屋の和ダンスにしまっています。義母から受け継いだもので、重厚な存在感と渋みがお気に入り。引き出しの中はプラスチックのカゴで仕切って立て収納。

おむつセットはカゴにひとまとめにし、布をかけてリビングの棚にしまっています。うんちの処理後にシュッとお部屋に一吹きする、オーガニックのルームスプレーも一緒に。

身支度のパワー

佳代子さんと意気投合したのは、「朝イチで身なりを整えると、一日が気持ちよく回る。身支度のパワーはすごい！」ということ。気持ちがシャンとして家事がはかどり、すぐに外出できてフットワークも軽くなる。そして朝から、家族にも好印象。私の場合、冬は起床時間に暖房が入るようにセットして、朝イチ着替えと化粧のハードルを下げています。

手作り虫よけ

有害物質の入っていない虫よけスプレーを手作り。①無水エタノール5mlにアロマオイル(レモングラス、レモンユーカリを5滴ずつ、ラベンダー2滴)を入れてよく混ぜる。②精製水30mlを加えて完成。アロマオイルを変えてグリセリンを増やすと化粧水にもなります。

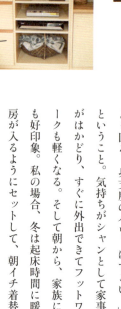

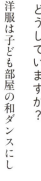

浅野さんの
タイムスケジュール

5:00	娘起床、一緒にリビングへ。洗濯機を回し、お弁当作り
6:30	長男起床、朝食、登園準備、洗濯物干し
8:40	長男をプレスクールへ送る
9:00	コーヒータイム
9:30	掃除（娘入浴）
12:00	簡単な昼食
13:00	自由時間。娘と遊びつつネット、読書、仕事など
13:50	長男のお迎え、帰りにスーパーで買い出し
14:30	長男おやつの間に夕飯下準備
16:00〜17:30	長男お昼寝。夕飯の仕込みや作り置き。洗濯物たたみ 娘が寝ていれば自分も昼寝
18:00	夕飯
19:00	長男と入浴（娘も一緒に）
20:00	遊びタイム
21:00	子どもたちとベッドへ
23:00	長男が寝たら自由時間
24:00	就寝
26:00	娘夜泣き。ミルクを飲ませる

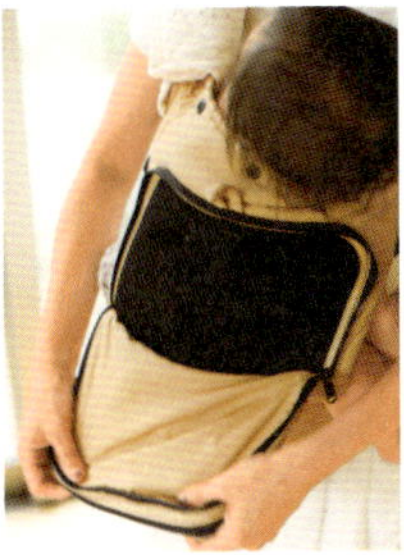

背中をメッシュにすることもできるので、蒸れがちな暑い夏には重宝。

小さくまるめて収納できるので、部屋やカバンの中でかさばりません。

体にぴったり、抱っこひも

「napnap」の抱っこひもは、日本で企画・設計しているので小柄な日本人の体型にはぴったり。赤ちゃんの股関節が広がりすぎず、細身のお母さんの骨格にもフィットします。ひも自体が軽くて、お値段も1万円ちょっとなのが嬉しい。

長男の時が壮絶難産だったので、今回は和痛分娩を選択。これなら何人でも産めると思うほどラクで楽しい出産となりました。

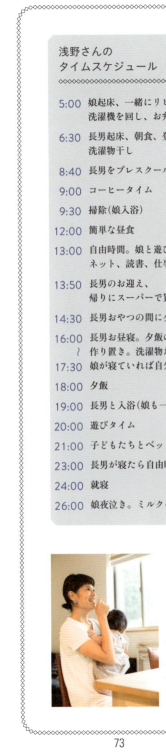

一言日記（生後0〜3カ月）

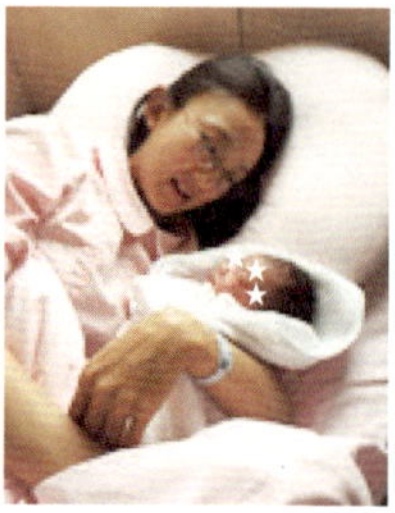

1月12日（生後0日）
寒い冬の早朝、息子誕生。初めてマジマジと近くで観察。一つ一つの動きや表情が信じられないほど可愛い。いつもエコーに映っていた、お腹を蹴り飛ばしてくれていた、あの子がこの子なんだなぁ〜としみじみ思う。今日からお母さんやらせてもらいます。どうぞよろしくね！

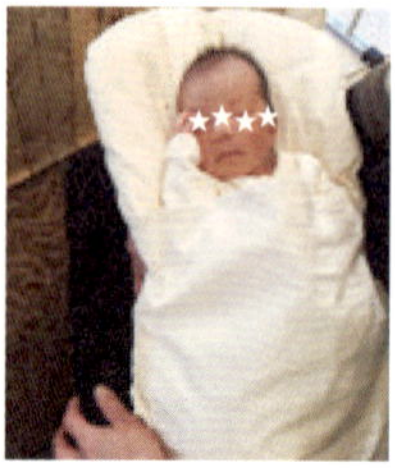

1月18日（生後6日）
母子退院の翌日、黄疸の数値が高いとのことで1泊入院になってしまった息子。翌日迎えに行くと、トッポンチーノの裏側のポケット部分にカンガルーのように入れられていた。寒いだろうからという助産師さんの思いやりに感謝しつつ、なんだか間抜けな様子に笑った。

1月26日（生後14日）
産後3週間は義実家でお世話になった。息子が泣けばあやし、寝かしつけてくれて…私がやることと言えば授乳のみ。ずいぶんと贅沢で快適な暮らしをさせてもらっている。けれどもこんな気持ち良く晴れた日には外に出てみたくてウズウズ。お義母さんに息子を見てもらい、30分ほど近所を散歩、良いリフレッシュに。

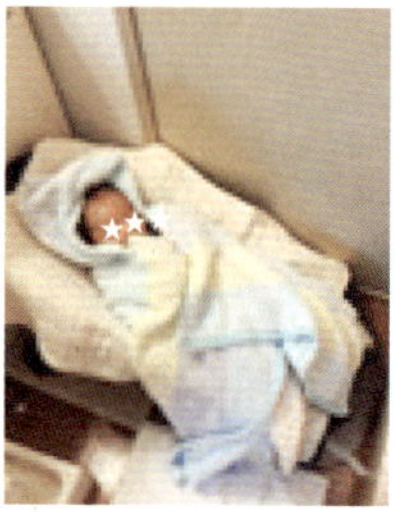

2月15日（生後1ヵ月4日）
至れり尽くせりだった義実家での生活から、我が家での3人暮らしが始まった。古い団地の脱衣所は狭いし寒いから、入浴時間はとても神経を使う。ヒーターで温めて、息子をバウンサー上でぐるぐる巻きにして待機。今日は母一人でのお風呂に初チャレンジ。なんとかできたけれど、ものすご〜い疲労感！

2月17日（生後1ヵ月6日）
出産祝いでエルゴ（抱っこひも）を頂いたので、首座り前でも使えるようになる「インサート」を購入。装着方法はyoutube動画で学んで、いざ！う〜ん難しい。練習して慣れていこう。これがあれば家の中でも抱っこしたまま家事ができて助かる。

2月26日（生後1ヵ月15日）
暖かい日が続いているので、近所で早くも桜（アンギョウザクラ）が咲いていた。エルゴで散歩するとすぐに寝てしまう息子は見てないけれど、今年のお花見シーズンには一緒に出掛けたいなぁ。

3月2日（生後1ヵ月21日）
エアコンの効きが悪く部屋が満足に暖まらないので、「プロにクリーニングを頼もう！」と初めてダスキンさんに依頼。「もっと早くやってもらえばよかった！」と後悔するほど生まれ変わったエアコン。部屋が暖かい…本当に良かった。

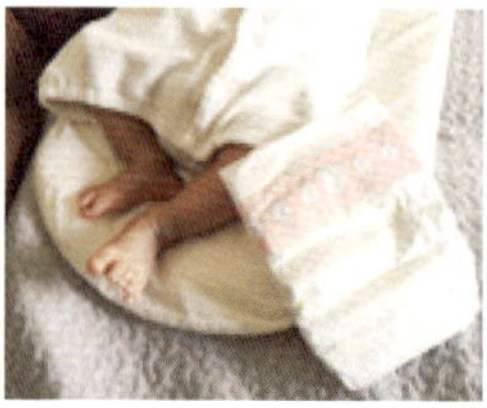

3月4日（生後1ヵ月23日）
おむつのサイズが新生児からSへ。新生児サイズは4〜5パック消費したから、この2ヵ月弱でそれだけおむつ替えをしたかと思うと感慨深い。昼寝から目覚めた息子のおむつ替え中、「2時間前より足が太くなった？」と感じるほど成長のスピード感がすごい。

3月5日（生後1ヵ月24日）
だいぶ目がはっきり見えているようで、気になるものを目で追う彼のために折り紙とひもで飾りを作った。カラフルな色味に釘づけ！動かすとさらに喜ぶような。工作なんてやるタイプでないのに、彼の気を引きたいがためにやれてしまう、これぞ愛！

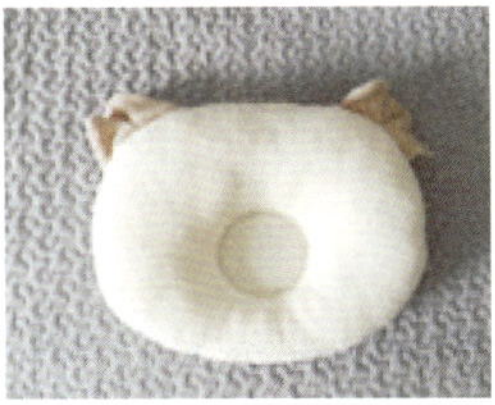

4月13日（生後3ヵ月2日）
先日お店で品切れしていて買えなかった息子用の枕、ネットショップで注文したものが届いた。いわゆるドーナツ枕。穴の部分に後頭部がすっぽりはまって良い具合。「前からずっと使っていましたけど？」というような雰囲気で馴染んでいた。

4月15日（生後3ヵ月4日）
休日の夫と3人で神楽坂へ。目的は安産を祈願したお寺へのお礼参りだったが、まずはラカグにて休憩。ショップの一角にあるカフェは、赤ちゃん連れでも気兼ねなく利用できる雰囲気。さらに嬉しいことに、ずっと探していたおむつグッズを収納するのにちょうどいい竹のかごに出会う。少々高価だったが、長く使い続けられそうなデザインと、イメージしていたサイズ感にぴったりだったため思い切って購入。おかげで、私は終日ご機嫌だった。

5月5日（生後3ヵ月24日）
息子が好きな風船を買おうと出かけたダイソーで、鯉のぼりを買う。なかなか可愛いくてお気に入り。彼の目の前でパタパタさせると、楽しそうに見ている。

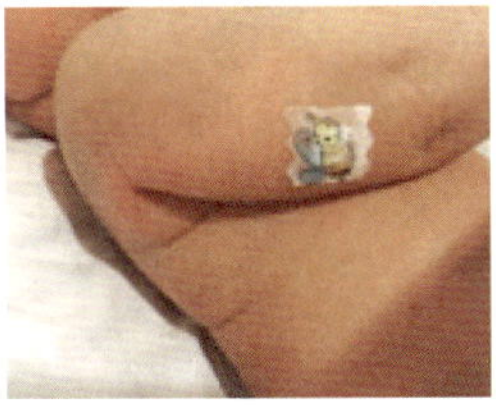

3月28日（生後2ヵ月16日）
初めての予防接種。近所の小児科リストを参考に選んだ病院の先生は、丁寧に問診してくださってありがたい。寝起きでぼけ〜っとしていた息子の腕に針が刺されると、やっぱり号泣！「ちゃんと痛いんだね」と妙に感心してしまった。

4月9日（生後2ヵ月28日）
いつも真上を向いて寝る息子、気づくと後頭部が絶壁気味に！枕を買ってみよう、と吉祥寺へ。その前に大好きなパン屋さん（ダンディゾン）でパンを購入し、隣の小さな公園で頂いた。シートを敷いておむつ替えも。公園って助かるなぁとしみじみ。お目当ての枕は品切れ！残念。

4月12日（生後3ヵ月1日）
今日で3ヵ月。誕生日は雪が舞う寒い冬の日だったが、3ヵ月経って季節は春に。家族3人で丸の内KITTEへお出かけ。屋上にこんな気持ちの良い庭園があったなんて知らなかった。おむつ替えや授乳ができるスポットも各所にあって、丸の内は意外と子連れに優しい街だということがわかった。

3月12日（生後2ヵ月1日）
2ヵ月を迎えた息子を連れて、産後初めて外でお茶をしにsenkiyaへ。ゆったり座れる席が多く、おむつ替えまでさせてもらえるうえ、美味しいコーヒーやケーキを頂けるなんて、なんと幸せだろう。地元にこんな素晴らしいお店を構えてくれた店主の高橋ご夫妻に感謝。

3月13日（生後2ヵ月2日）
大学時代の友人4人が子連れで集合。一番先に母になったMちゃんの育児の裏技がすごい！と盛り上がる。おむつ替えに苦戦しているRちゃんに、「自分の足で腕を固定するといいよ。外ではちょっとできないけどね（笑）」とレクチャー。ママ友、バンザイ。

3月25日（生後2ヵ月13日）
息子を抱っこして実家の階段を降りる時、すべって転倒。本当に幸いにして息子には怪我がなかったけれど、自分の不注意を深く深く反省。私は脛を強打した。もし自分が入院、なんてことになったら、息子の世話は誰が？と想像したら、子どもは勿論、自分の身もきちんと管理しなければと強く思った。

COLUMN 3

【スマホ活用育児】

息子が生まれてまもなく始まる授乳。「どんなタイミングで？　どのくらいの時間あげればいいの？」最初の頃は本当にその加減がわからずに悩みました。「2時間ごとに」とか「片乳10分ずつ」とか、手探りながらだいたいのリズムができてくると、いつも時計とにらめっこして、頭の中で計算して……というのが億劫に感じるように。そこでスマホのアプリを活用してみることを思いついたのですが、これが私にはとても大助かりで、卒乳するまでお世話になりました。

愛用していたのは「授乳時計」というアプリで、授乳や睡眠、おむつ替えのタイミングをワンタッチで記録ができ、その記録データを1日単位で集計して見ることができます。そして最も助かったのが、アプリを立ち上げると最初の画面に「前の授乳が何時だったか」と「それから何時間何分経過したか」というデータが表示される機能でした。「さっきあげてからどれくらい経ったっけ？」と思っても、アプリを開けば一目瞭然。頭の中で計算するわずらわしさから解放されたことが、私にとっては大助かりでした。

昼寝やうんちのタイミングなどもワンタッチで記録できるため、寝る前に育児日記(生後8ヵ月まで継続)へ記入する際には、このアプリを見ながら1日をまとめていました。授乳期はこのアプリがとにかく私の相棒と言っていいほど、頼もしい存在だったのです。

もう一つ、スマホの機能で活用しているのが「iTunes」。音楽を聴く定番アプリですが、これでいつもBGMを流しています。新生児の頃からずっとかけているオルゴールの「スリーピング・ベイビー～おやすみ赤ちゃん」は、息子にとって寝る時間の合図になりました。

音楽データは端末に入れていくと容量も食い、聞く曲もマンネリ化してしまうので、Apple Musicライブラリ内の音楽が聞き放題になる「Apple Music(有料)」に加入しました。シーンや季節に合わせ、「クリスマス」などと検索して出てくるプレイリストをかけています。部屋に好きな音楽が流れているだけで、赤ちゃんとふたりきりの時間も息詰まることなく過ごせるような気がします。

4章

4～5ヵ月

首すわりと引っ越し

突然、引っ越すことになりました

夫の転勤で県内をプチ移動！
その日は突然やってきました。

2年前から中古マンションの購入を検討していました。けれどなかなかいい物件には巡り合えません。そんな時、夫の同じ県内での転勤が決まりました。転勤先は、将来住もうと思っている地域から通いやすい場所。こうなれば、そのエリアの賃貸にとりあえずは引っ越して、夫は通勤しやすく、かつ家を探しやすくしようと話は決まったのです。もちろん、子どもが生まれてもう少し広い家に移りたいということもありました。これまでの家は古く、耐震性の心配もありました。

引っ越しを決めてからは、それはものすごいスピードでした。アパート見学、契約、引っ越し業者選定をひっくるめて1週間で終了。使用頻度の低いモノ（本、CD、仕事資料、花器など）からどんどんダンボールに詰めていき、同時に物量を減らしました。本・雑誌の「残したいものだけ」を選んで60冊、CDは20枚を処分。思い出のノートやぬいぐるみも、見返していないので処分。棚にしていたベンチやPCデスクは、引っ越し先ではサイズが小さすぎるので人に譲りました。

結婚して6年住んだこの家には、密度の濃い思い出がいっぱい。この部屋から学んだこと、この部屋がもたらしてくれ

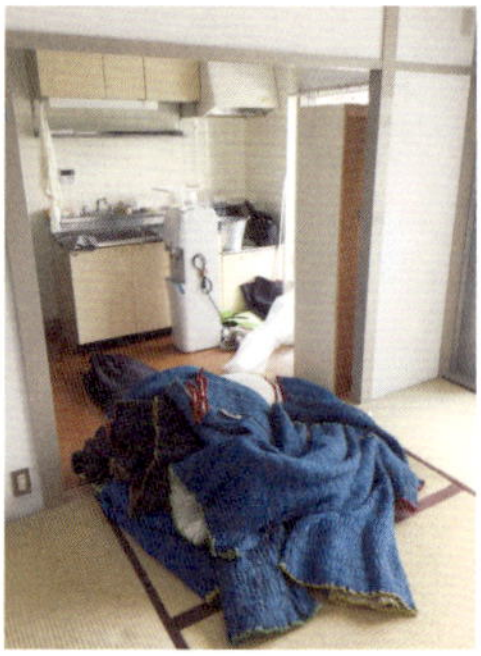

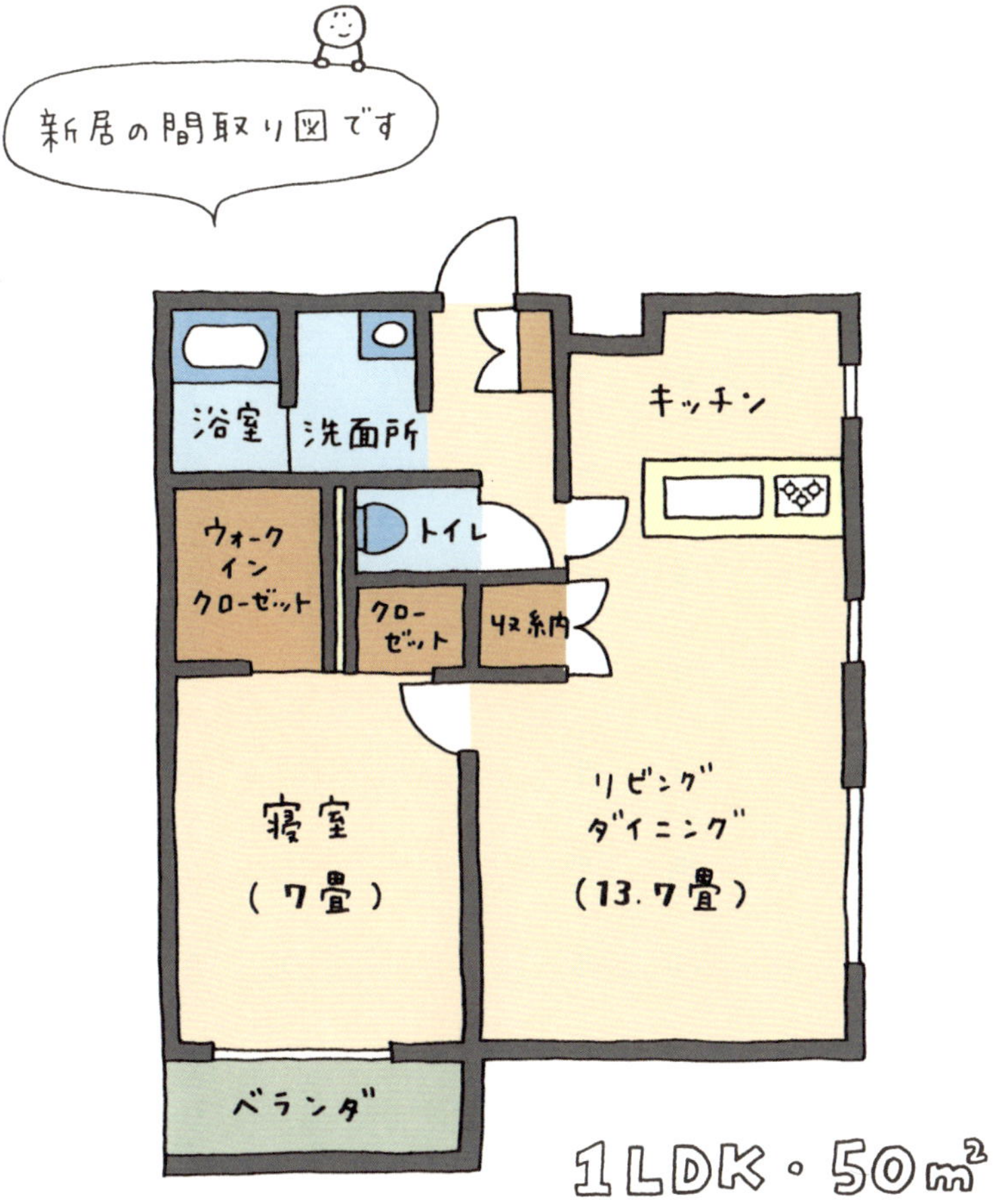

た出会いがたくさんありました。ついに、築47年2Kの団地から、築3年1LDKのアパートに引っ越しです。

家選びの基準は、「陽」「風」「緑」。陽の光が差し込み、風が通り抜け、窓からは緑が見える――狭さなどは工夫ができても、これらは住みながら自分の力ではどうにもならない部分です。また、子どものいる家庭はエレベーターなしの4階以上や、下の階に単身者やお年寄りのいる物件は避けた方がいいとのこと。これらは親交のあった建築家、故伊藤裕子さんの教えです。

見つけたアパートはすべてを兼ねそろえた上に駐車場もついていて、見学の日に即決しました。

引っ越しで、思い知る

暮らしやすい収納は、引っ越しのしやすい収納でもありました。そして、家全体の〝全部出し〟をしたことで改めて感じたことが。

アパートの両隣と階下の方に引っ越しのごあいさつ。実用性があって、もらっても困らない消耗品を。白雪ふきんと、白い亀の子スポンジ。

少量の荷物を自家用車で運んだ結婚時の引っ越しと違い、今回は人生初の本格的な引っ越しでした。家探しや各種手続きでてんてこまいになりながらも、荷造りの手助けとなったのは「家に収納のルールがあった」こと。関連のモノがまとまって収納されているので、何も考えずそのまま箱詰めにできたのはラクでした。また、元々ついていた通風孔フタなどのパーツをそれぞれ密封袋に入れ、一ヵ所にまとめてラベリングで管理していたこともスムーズな退居につながりました。

一方で大変だったのが、引っ越し先での荷ほどきを一気に進められなかったこと。赤ちゃんがいるのでまとまった時間が取れないのは仕方がないのですが、気になったのは荷物の量です。自分の家にはモノが少ないと思っていたのに、こうしてダンボールで積まれてみるとなんと多いことか！　しかもその一つひとつが、どれも嫌になるほど重いのです。身軽に生きたいと思っているのに、なんという重量感。

こんなにたくさんのモノを家に詰めなおすのは嫌だと感じ、新居についてからかなりのモノを処分しました。それなら、引っ越し前に減らせばよかった……。モノが少ないほど荷ほどきの負担が少なくて済むはずです。

この引っ越しで、改めて自分の物量とモノの持ち方について考えさせられました。

以前の家と同じく、鍵は玄関ドアに吊るして。身についた習慣と収納はリンクさせます。

コールマンの「ナチュラルウッドロールテーブル」にスピーカーや夫の小物入れを。ここでパソコン仕事も。

スノーピークの「Myテーブル竹」に子ども用の絵本やおもちゃをのせて掃除しやすく。掃除機がかけやすい。

新居に足りないモノ、あわてて買わずにあるモノで

ソファとローテーブル以外の家具は処分して引っ越したので、LDKのダイニング側はがらんと何もありません。食事はローテーブルでするとしても、モノの置き場所は必要。適した定位置が見つかるまでは、キャンプ用品でまかないました。キャンプ用品は、何もないところで生活するための道具で、家の中でも十分に機能します。とりあえずは使ってみて、暮らしながら、「棚がもう一枚下にあれば」「引き出しがついていたら」など、一番いい収納の形、必要な家具を実感してみればいいと思います。

夫の小物入れは、以前は玄関先のハンギングバスケットにありました。出がけに忘れてはいけない財布や時計をひとまとめ。「かごから取っていく」という習慣は新居にも残して。

Living

前の家から持ってきた家具は、収納家具3点のほかはソファとローテーブルだけ。日中のほとんどを過ごすリビングは、赤ちゃんが自由に動き回れる広々としたスペースに。

POPEYE

育児とスペースづくり
リビング〈4~5ヵ月〉

赤ちゃんの日中のスペースをどこにどう作るか。リビングにひとつある収納をいかに活用するか。試行錯誤の新生活の始まりです。

リビングにおける家具の配置は、前の家から持ってきたのがソファとローテーブルしかなかったこと、ソファを置くのにぴったりの壁が1ヵ所あったことで、おのずと決まりました。まだ寝返りもしない4ヵ月の息子の居場所は、ソファ対面の角にベビー布団を敷いて。ベビー布団には、「パシーマ」という脱脂綿とガーゼ素材で作られた、肌触りのとてもよいパットシーツを重ねています。

ソファの対面に息子の居場所があるので、機嫌のいい時や熟睡中はソファでくつろぎながら見ていることができました。息子の定位置となったこの場所、一般的にはテレビが置かれる場所かと思います。うちには元からテレビがなく、見たい時には母に借りたポータブルテレビを使用。大画面を楽しむことはできませんが、空間をテレビに割かれることも、赤ちゃんとテレビの距離を考える必要もないことは助かっています。

リビングからキッチンを見たところ

リビングづくりのもうひとつの大きなポイントは、リビングにある造り付け収納の上手な活用でした。使い勝手のいいように、赤ちゃんを抱えて来る日も来る日も知恵を絞って実験です。

よりよい収納は、その状態で暮らしてみないとわかりません。引っ越し、家族の成長、仕事や趣味の変化等々、どんな生活の時でも、一番使いやすくラクに暮らせる収納を試行錯誤したいと考えています。

日中の赤ちゃんスペースを作る

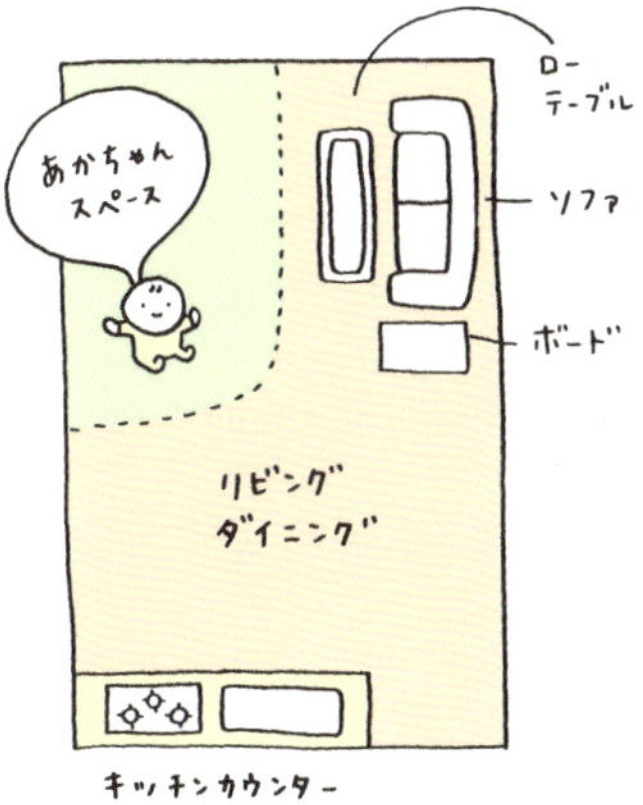

赤ちゃんの寝具

パシーマは、大人の敷布団を新調した時に布団屋さんに勧められました。本当に肌触りがよく、冬は暖かく、夏は涼しい。洗濯してもすぐに乾くところも、赤ちゃん用の寝具には嬉しいポイントです。あまりによいので、パットシーツに加えてキルトケットも追加で購入し、今では家族全員が愛用しています。

(パシーマ ベビーシンプルパットシーツ、パシーマ ベビーシンプルキルトケット／龍宮株式会社)

リビングの収納〈4〜5ヵ月〉

必要なモノにすぐ手が届く収納

結婚前から使用している無印良品のパルプボードボックス（この仕様は廃番）に、使用頻度の高いモノをまとめて。ソファで抱っこや授乳をしている時間が多かったので、座ったまま取れるようソファ横に設置。一番下に突っ込んであるのは授乳クッション。横につり下がっているのは腕時計です。ゴミ箱も並べて、ゴミが出たらすぐ捨てられるように。

家が広くなったので、「新しく収納家具を買ったら日常使いのモノやベビーグッズを収めるのに便利かも」とも考えました。が、「まずは手持ちのモノで間に合わせてみる」が信条。元の家の押し入れで使っていた、パルプボードボックスを表舞台に。

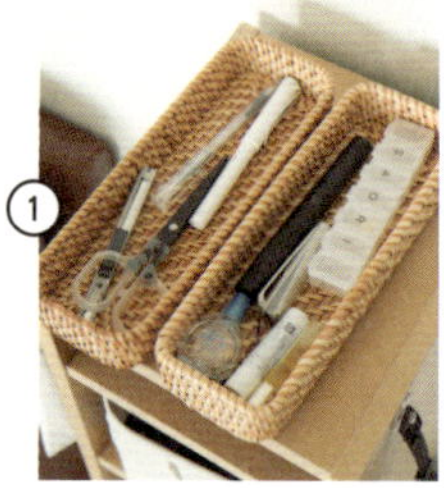

よく使う日用品

上段にはさみやペン、リップや爪切りなどのよく使う日用品を。以前カトラリー入れだったラタントレーに入れて引き出し形式に。

外出小物

財布、メガネケース、日焼け防止手袋など私の外出小物をソフトボックスに入れて。以前はバッグに入れっぱなしでしたが、今は状況で持ち出すバッグが変わるため。

赤ちゃんのグルーミング用品

ガーゼはしょっちゅう使うので、仕切り付きケースに1枚ずつセットしパッと取れるように。ベビー用綿棒は市販の容器の開閉が苦手なので、中に仕切りのある綿棒ケースに詰め替えて、ワセリンや爪切りなどのお風呂上りケア用品と共に収納。

本と雑誌の収納

ちょっとした隙間時間に読みたい本がすぐに取れるよう、ソファのアーム部分に本・雑誌をセット。以前は木箱を立てていましたが、キッチン用品の試行錯誤で出張中なので硬質パルプのファイルボックスを使用。

リビング造り付け収納

上段

① 本

上段にはパルプボードボックスを横置きして本を収納。その上にアパートに付随してきた各種パーツを保存。

② PCなど

引き出しの左3段はノートPCや夫の私物、カメラやビデオなど。上にのっているのは保管書類をまとめたファイル。

③ 工具・切手

引き出し中央には便箋や切手、文具のほか工具、母子手帳など。

④ アイロンなど

最下段の大きいところにはアイロン、掃除用具、電池等。

⑤ 文具

壁面につっぱり棒を渡し、吊り下げられるメッシュバッグを引っかけて文具などを収納。

⑥ 使用頻度の高いモノ

中段は一番取りやすい位置。無印良品のユニットシェルフ(元キッチンで使っていたものを分解)と引き出しを組み合わせて、使用頻度の高いモノたちの特等席に。

⑦ アクセサリー

奥行きがあるため、手前の空きスペースにアクセサリーケースや領収証の一次置きを。引き出しと干渉しない位置。

下段

フック各種、ポーチなど

下段をどう使うのかは思案中。とりあえず、日常使いのかばんをつっぱり棒とS字フックで吊るしました。蓋つきボックスに収納のお助け小物をまとめており、アイデアがひらめいたらすぐにこのボックスを漁って実際に試してみます。

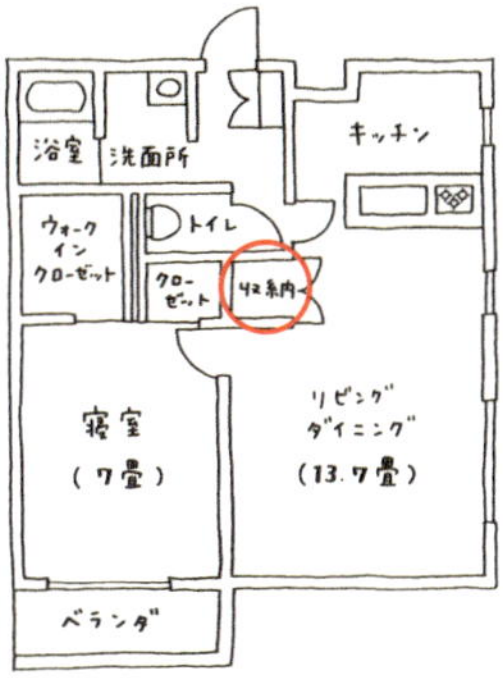

幅80cm、奥行き80cmで天井までの高さがある容量大きめの造り付け2段収納。リビングで使うモノを効率よく収めつつ、モノ同士が干渉しないように収納ケースやボックスを追加。

育児とスペースづくり 寝室〈4〜5カ月〉

引っ越し前と同じように、寝室はモノを置かずにフラットな空間にしたいと思いました。余計なモノがない部屋は眠るにふさわしい落ち着きをもたらしてくれるし、床に何もなければ掃除も気軽です。週に2〜3回寝室を雑巾がけするのですが、イメージするのはいつも、「今夜の気持ちのよい入眠」。

この引っ越しを機に、布団を新調しました。よい布団の宿に泊まると、翌朝の気分や体調が違います。「人生に占める睡眠時間の長さと健康を考えれば」と夫婦で相談し、投資感覚で奮発。毎日眠りにつく瞬間の幸福度がぐんと上がり、睡眠の質が変わったのか目覚めもよくなりました。（西川ムアツふとん）

寝室収納
〈4～5ヵ月〉

寝室には、両開きのクローゼットとウォークインクローゼット（WIC）という、2つもの大きい収納がついていました。残念ながら間口が狭いので布団は入らず、出しっぱなしです。リビングに近く行き来しやすいクローゼットの方でワードローブを管理。一方WICは動線上遠く、中に入るのがひと手間。日常使いのモノは入れません。

サイドにはつっぱり棒とフックで帽子やベルトなどを吊るし収納。デッドスペース活用になるだけでなく、モノを一目で見渡しやすい。

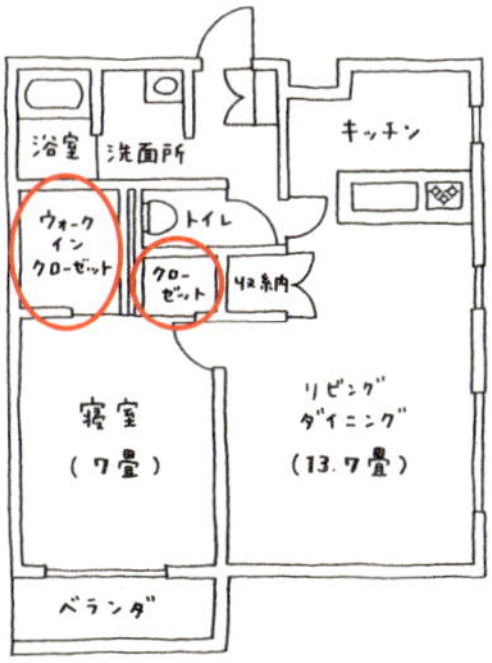

クローゼットに家族のワードローブを一括管理

・真ん中から右が私、左が夫と区分けしました。
・シワになりやすいモノ、羽織りものは吊るして、そのほかは引き出しの中に畳んで収納。
・靴下、ストール、ネクタイなどの小物は、ホルダーなどを使って各々の区分内で吊るし収納。

②
上段にはイケアの取っ手付きボックスで、シーズンオフの服や使用頻度の低いバッグを収納。まだまだ実験段階で今後変更があるため、ラベリングは付箋で。（SKUBBボックス・ホワイト／イケア）

③
私の吊り下げホルダーは、上：私の靴下、中：赤ちゃんの服、下：赤ちゃんのスタイと肌着が。扉を少し開けば取れる位置。

④
床はほこりが溜まりやすいので、空気が通り、掃除がしやすいように引き出しにキャスターを付けました。床置きはなるべく避けたい。

ウォークインクローゼット

収納量はあるけれど、奥まで入るのが面倒なウォークイン。使用頻度の低いモノを集めて、納戸としました。以前押し入れの天袋にあったものや、屋外の倉庫に入れていたキャンプ用品などを。今後、取っておきたいベビー用品などを入れる予定。

Kitchen

モノの数も作業数も家の中でとくに多く、収納の仕組みが作業効率に最も直結するのがキッチンです。短時間でパパッと炊事ができるよう、新しいキッチンの構造と持ち物のマッチングに明け暮れました。

新しいキッチン収納〈4～5ヵ月〉

家は広くなっても、キッチンの容量はさほど変わっていません。それどころか、以前はあった備え付けのオープンラックがなくて食器収納に苦戦。ただ、子育て中の今は様子を見やすい対面式なのが助かっています。

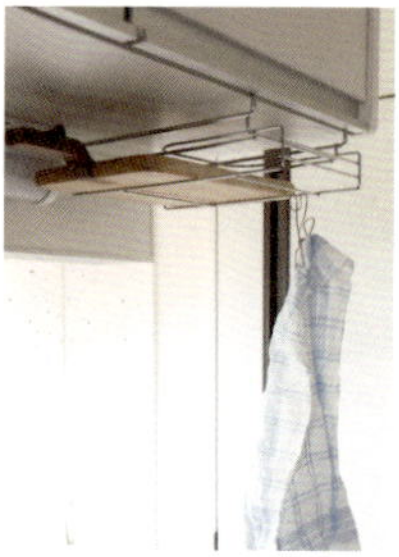

① まな板と手拭き

スライドさせればレシピ本を開いて立てられるラックに、まな板を。横には手拭きをフック付きピンチで吊るして。

② フックで吊るす収納

設置が手軽で空間を活かせる「フックで吊るす収納」はどんどん利用したい。小さいトートには洗濯済みの台ふきんを放り込み。大きい方はレジ袋や排水口用ネット。

③ シンク下は引き出しを入れる

シンク下の開き戸には、以前と同じように引き出しを組み込んで奥行きを活用しました。右側の扉裏にはゴミ袋が1枚ずつティッシュのように引っぱり出せる、自作のストッパーを。左側にはスライサーや柄つきスポンジをフックで吊るし収納。

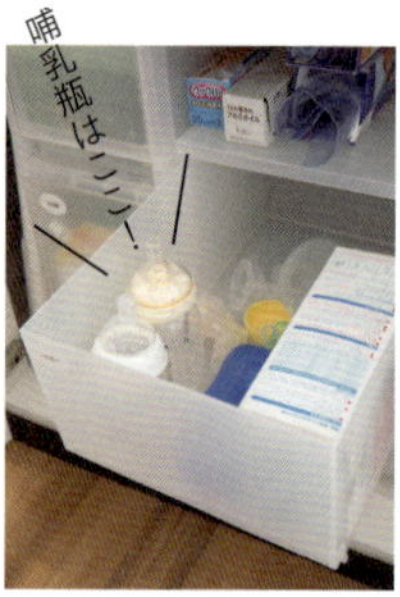

大きい引き出しにはざっくりと、哺乳瓶などの赤ちゃん用品を収納。そのほかは洗剤ストックや薬など。CDプレイヤーをキッチンに置いているので、CDも。

④ ふだん使わないモノ

かなり高い位置にある吊り戸棚は、日常使いのモノを置くには向いていません。時々使い、かつ面積を要する大皿系をここに。背伸びでぎりぎり届く上段には、現在ほぼ使わないお弁当グッズや紙食器などをイケアのボックスにまとめて。

⑤ 出番が多いモノ

よく使う湯呑みはざるに伏せてカウンターで見せ収納。カウンターの向こうにはお湯のでるウォーターサーバーがあります。

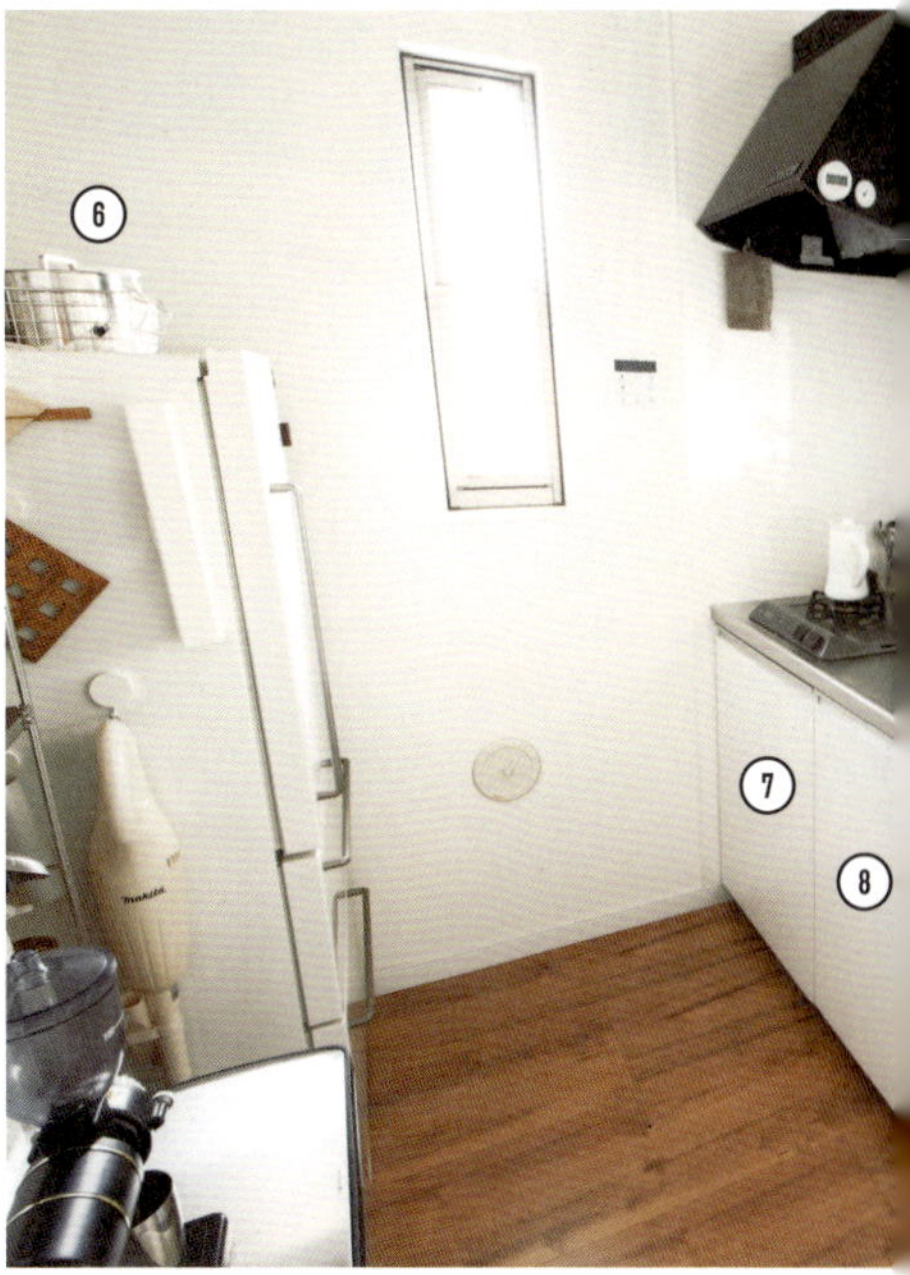

⑥ 冷蔵庫上も活用

小さめの冷蔵庫を使っているので、その上は取り戻しのしやすい特等席。よく使うお茶セットを置きました。

⑦ コンロ下／只今思案中

コンロの下には鍋やフライパンを入れたいのですが、前と同じ方法ではうまくいかず。どうしたらすべてのモノが取り出しやすくなるかを思案中。

⑧ 作業台下／只今思案中

作業台の下にあたるスペースには、ボールとザル類、調味料や油などを。奥にあまり使っていないミキサーと、麺類のタッパーが。この上部にある引き出しは、「開き戸を開けて」「引き出しを開ける」と２段階の手間がいるので悩みの種。高さと位置的には便利な場所だけれど……。

まだまだ続く！キッチンの収納実験

モノの住所をどう決める？

以前の家では洗濯機上の収納に使っていた無印良品のユニットシェルフを、キッチンに設置しました。調理しながら振り返ればモノを取れる位置です。棚の間隔やパーツの付け足しでいかようにもカスタマイズできるので、どの場所でもメインの収納として活躍し、どんな場所にもなじむシンプルデザイン。今回その頼もしさを心底味わい、この商品への愛がさらに増しました。収納の方法は、模索の真っ最中。先にレンジなどの家電や、上から見渡す必要のある引き出しなどを適した場所に収めていくと、おのずと食器が上の方に。この状態で使ってみて、使いにくい部分があれば改善を繰り返していきます。

側面活用！

冷蔵庫とユニットシェルフの間に隙間があるので、その両者の側面が活用できます。冷蔵庫にはマグネット式のフィルターホルダーやラップケース、またフックをつけて、鍋敷き、モップ、「マキタ」を吊るし収納。シェルフの側面には壁掛け式CDプレイヤーと、マグネット式のトレーにマスキングテープとペン、はさみを入れて。

ワゴンとゴミ箱の配置問題

前の家から持ってきたワゴンとゴミ箱。場所を取るのでどう置いたものか、配置を変更しては様子を見ています。

余白のある収納

ワゴンにいれた引き出しには、上段にお菓子やメラミンスポンジなどの消耗品を。空いている下段は新しいモノが入った時に備えて余白としています。

振り返れば手が届く収納

以前ソファ横で雑誌を入れていた木箱を、食器入れとして活用。食器の定位置をあちこち模索しているので、箱にまとめてあると便利。

引き出しの中は調味料や乾物など。コンロとシンクの間の作業スペースが狭いので、キッチンツールをこちらに立てています。

ユニットシェルフのパーツである、引き出せるワイヤーラック。中をボックスで仕切り、食材のストックを入れています。

一番下には高さをもたせて、シュレッダーや資源ごみ用のダストボックスを置きました。吊り下げラックに入っているのは、コードレス掃除機「マキタ」の充電器。２つ持っていて、片方は常に充電しています。

新しい洗面所の収納

〈4～5ヵ月〉

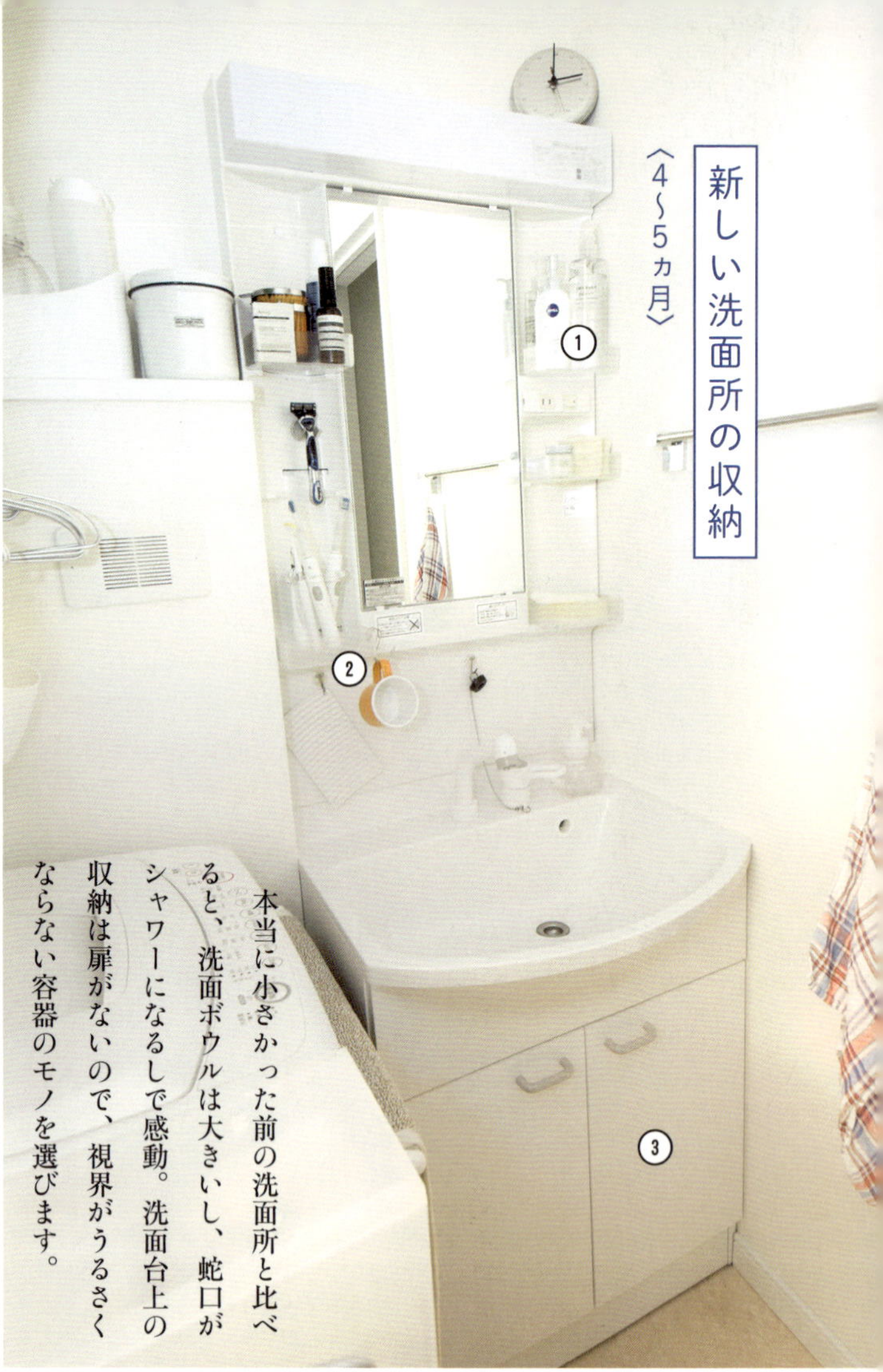

本当に小さかった前の洗面所と比べると、洗面ボウルは大きいし、蛇口がシャワーになるしで感動。洗面台上の収納は扉がないので、視界がうるさくならない容器のモノを選びます。

①

スキンケアはここだけ

育児に時間が取られるので、スキンケアはよりシンプルに。無印良品の化粧水をシュッとスプレーして、ニベアの日焼け止めが化粧下地代わり。ヘアオイルとメイク落としには、ココナツオイルを兼用。

②

乾かしたいモノは吊るす

太めの電動ブラシが立てられるスタンドを引っ越し直後にネットで探して購入。使ったら乾かしたいコップや、襟・おむつ等に使う下洗い用洗濯板はフックで吊るして乾かしやすく。

③

洗面台の下には、イケアのボックスを使い洗剤ストックなどをざっくり収納。

扉裏も吊り下げ収納

扉裏に無印良品のアクリルペン立てを貼りつけ、メガネをイン。メイクポーチもフックで吊り下げ。コマンドタブで取り付けると、後できれいにはがせます。洗顔する時ここにメガネを戻し、隣のメイクポーチを取って支度します。

コンタクトレンズやパックのストックはここに。

以前洗濯機の上で使っていたユニットシェルフは、サイズが合わなかったためキッチンへ移動。サイズが合い、洗濯物を干す時に必要なバー付きのラックをネットで探しました。

（立て掛けランドリーシェルフ タワー ホワイト／山崎実業株式会社）

①

洗剤はうつしかえて

洗面所の壁に棚になるような浅い段差があり、洗剤の定位置にぴったり。左から酸素系漂白剤、柔軟剤、酸素系漂白剤＋洗濯洗剤ミックス（おむつ用）。ポッドの中は洗濯洗剤の粉末。

②

ラタンにざっくり収納

シェルフの棚板にラタンボックスを置き、ドライヤーやハンカチを。ハンカチは忘れやすいので、玄関に定位置を模索中。とりあえず、玄関に近い洗面所に置いています。

新しいランドリー収納

〈4〜5ヵ月〉

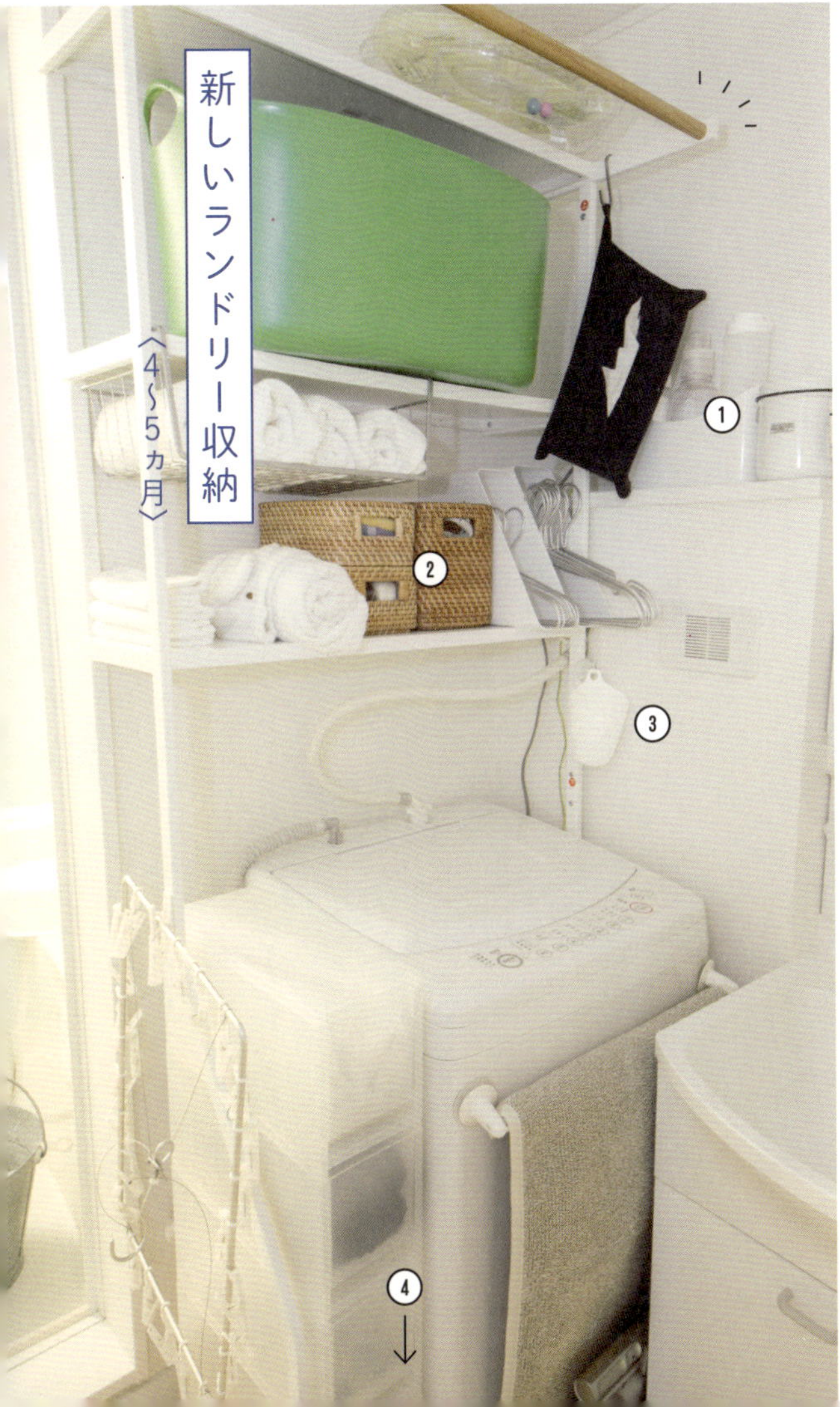

小さなゴミ箱を

③

使ったティッシュや綿棒、使い捨てコンタクトなど、洗面所では細かいごみがたくさん出ます。吊るせるボックスをゴミ箱代わりにし、ラックに取り付け。下に置くより手が届きやすく、掃除しやすい。

④

ホース問題解決！

洗面所に下着を置きたいのですが、洗濯機の排水ホースがじゃまで隙間に引き出しを置けません。そこで、板を切って接着剤で止め、簡易コの字ラックを作成。ホースの上にかぶせて引き出しの土台としました。

洗濯カゴはコレ

以前から洗濯カゴとして使っているイケアのビニールバッグ。畳めるし、広げると自立するしで重宝。

育児と収納、モノ選び〈4～5ヵ月〉

育児の負担を軽減してくれる
「モノの管理」と
「頼れる収納」とは。
それはイコール、
子どもの有無にかかわらず
スッキリと暮らしやすい収納です。

引っ越しで住居スペースは10㎡増、収納スペースも大きくなりました。けれど、そこをフルにモノで埋める必要はありません。よく、「収納たっぷりの家」という触れ込みの物件を目にしますが、「たっぷりの収納にたっぷり入っているモノを把握するのは難しい。使い方には注意が必要だなあ」と感じています。

大切なのは、何を持っているか把握できて、管理が大変にならない物量。家が広くなっても、私の把握能力と管理能力は以前と同じです。それどころか、育児で忙しい分、その能力もすべては発揮できません。だから、家の「モノの全体量が一定で増えすぎない」こと、「そのために整理して管理を欠かさないこと」を常に意識していたい。

とはいえ、子どものモノは今後絶対に増えていきます。必要なのは、新たなモノが入ってきても定位置を作れる、スペースに余裕のある収納。使いたいモノにすぐ手が届き、短時間勝負の育児と家事を手助けしてくれる収納。そして、スムーズに動くための片づいた部屋へと導いてくれる、モノを戻しやすい収納です。

これら育児のしやすい「頼りになる収納」の仕組みは、子どものいる、いないにかかわらず、暮らしやすい家づくりであり、スッキリと気持ちのいい部屋づくりにもつながることだと思います。

寝室のドアの戸当たりに抱っこひもを新居でも吊り下げ収納。かさばる物も吊るせば場所を取りません。簡易的でも、その辺に置きっ放しにしない便利な位置が有効。

この頃買い足したモノたち

4～5ヵ月のベビー服

この頃はおむつ替えのしやすいボディスーツ(股にスナップがついている)を昼夜着ていました。下着はユニクロのメッシュタンクトップ。右2着はセールの多いGAP baby。手持ちのスタイはだいたい柄物なので、服が無地だと合わせやすいです。左2着はKISETTE(伊勢丹)。お出かけの時にはブルマを重ね着。

ベビー服の収納〈4～5ヵ月〉

ベビー服を少量で回し、寝室クローゼット内の小物ホルダーに収めていました。中段がベビー服で、下段が下着とスタイ。家族の服がすべてこの中にあるので、洗濯物を戻すのが一ヵ所でラクでした。

寝室のクローゼット(→P89)

ひとめぼれしたカゴ

おむつを布・紙併用にしてから(P100)、おむつ用品が増えました。スキンケア用品もまとめて一ヵ所に置きたかったのですが、家にあるカゴではしっくり収まらず、la kaguで見つけた竹カゴを採用。浅く広く取っ手があり、部屋に出しておいてもストレスにならない見た目の良さも決め手でした。

赤ちゃんのお世話

布おむつはじめました

amazonで「ベビー布おむつ ドビー織 白 仕立上10枚入り」と「chuckleウールネル外ベルトおむつカバー アイボリー50cm」を購入。

自分の肌でも、触れるものは優しい素材であってほしいと思います。赤ちゃんならなおさら、肌に心地の良い布おむつがいいのではと興味を持っていました。育児に不慣れな生後しばらくは紙おむつでしたが、息子の肌が弱くておむつかぶれがあること、布おむつ経験者3人から「思ったより大変じゃないよ」と教えてもらったことで背中を押され、息子2ヵ月から布おむつを開始！　布の上に、古着をカットしたライナーをのせておくとうんちの処理がラク、と聞いたことも、一歩を踏み出す大きな勇気に。

実際に布おむつにしてみると、言われた通りさほど苦になりません。かぶれは結局うんちの小出しが終わるまでは完治しませんでしたが、より赤ちゃんの様子をよく見るようになり、これが布のよさだと感じました。無理はせず、夜間と外出時は紙おむつを併用しています。

濡れてるかな？　おむつ替えようね。

↓

濡れたおむつはトレイにのせて。

↓

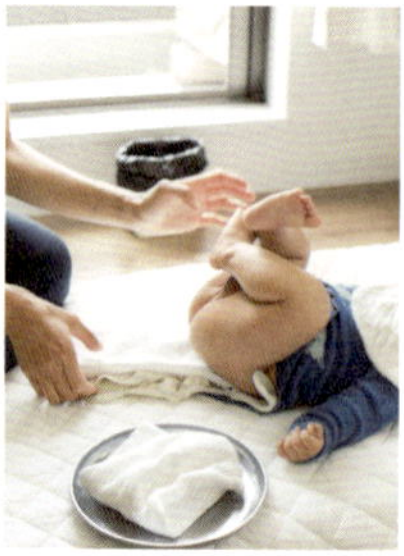

三つ折りに畳んでおいた輪おむつをカバーからはみださないように置きます。

↓

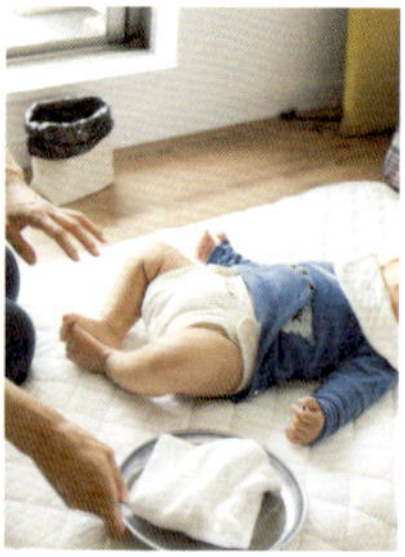

おしりをくるんで。気持ちいいね！

輪おむつの折り方〈4～5カ月頃〉

※折り方は成長によって変化させます。

手で平らに伸ばして、

↓

三等分に縦折りします。

↓

片端を少し折り返します。

↓

二つに折って半分の長さに。この状態でおむつカバーにのせます。

↓

しまう時には、さらにもう半分に折ってコンパクトに。

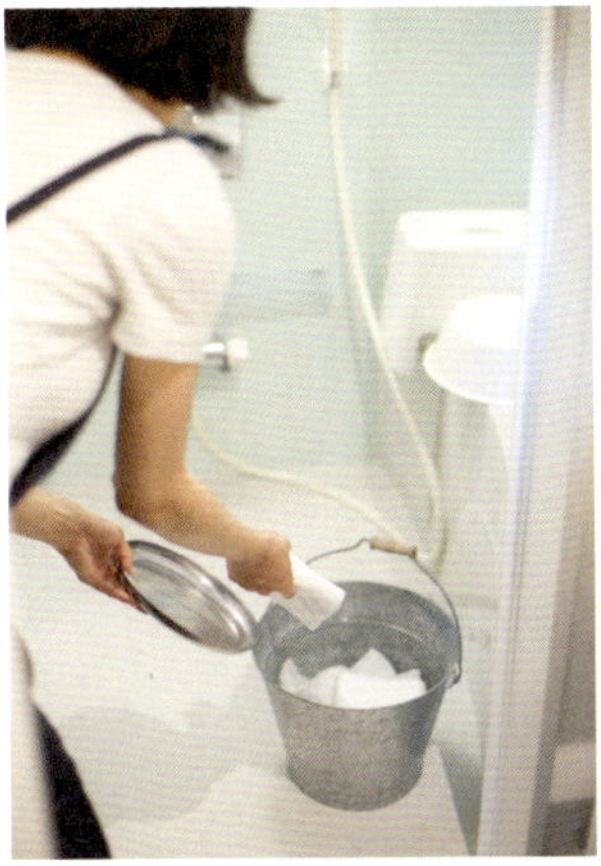

使用済みのおむつは、酸素系漂白剤と洗濯用粉洗剤を入れたバケツの水に浸けておきます。

右：おしっこのおむつを浸けるバケツ。左：うんちおむつのバケツ。日中はお風呂場に置いています。

ベランダの手すりにイケアの物干しラックを付けて、おむつ干しに。（ANTONIUS 物干しラック）

その2

ベビーカーどうする問題

抱っこひもと同じように、様々なメーカーの機能を比較しなくてはならないベビーカーはモノ選びの苦手分野。夫が率先して情報収集してくれて、妊娠中からベビーカーブランドの集まる代官山へと下見に出かけました。トータル4回に及んだ代官山通いを終えて、息子も4ヵ月。季節もよく、外へ出かけたい頃合いです。

最終的に選んだのは、フランスのブランド「yoyo」でした。求める条件をすべて揃えていることに加えて、パリ出張時にユーザーの多さを目の当たりにし、「いいな」と感じていたのです。

このベビーカーのおかげで、毎日散歩を楽しめるようになりました。流れる景色を楽しむ息子と、お気に入りの相棒に満足な私。散歩帰りに息子が寝たら、目が覚めるまでは公園のベンチでゆったりコンビニのコーヒーを。帰宅してベビーカーから出すと起きてしまうので、自分の時間を1分でも大事にする工夫です。

デザインで妥協しなくてよかったと噛みしめる、幸せな散歩タイムです。

私がベビーカーに求める条件

- エレベーターがないので、階下の車に収納できること。スペース上ハッチバックを開けられないため、助手席の足元に収まるもの
- 車を選ぶ時と同じ感覚で、目に入るたび嬉しくなるデザインであること
- 荷物がのせられること
- 押しやすいこと(この点でエアバギーと迷いました)
- 畳んで持った時に重すぎないこと

4〜5ヵ月のお出かけセット

紙おむつとおしり拭き(100円ショップのふたをつけて)を無印良品のメッシュバッグに入れて。アルコール除菌シート、ボディクリーム、ノースフェイスの巾着に着替えセット+スタイ2枚、エコバッグ。すべてリュックに入れて。リュックとメッシュバッグに、MSRのファスナーストラップを付けて開閉しやすくしています。

三つ折りになるので畳むとこんなにコンパクト。肩からかけることもできます。

↓

ハンドルを持って前方へ勢いよく振ると、

↓

パッと開きます。yoyoは「おもちゃのヨーヨーで遊ぶように開ける」という意味で付けられた名前だそう。

↓

畳むと座席の足元にすっぽり収まります。（BABYZEN YOYO＋ホワイトフレーム）

ここも赤ちゃんの部屋

ハッチバック車のトランクにおむつセットを常備。出先でおむつを替えたり、抱っこひもから出して置いたり、ちょっとした赤ちゃんの部屋として機能します。もちろん、安全なところに停車してハッチバックをオープンの状態で、大人がぴったりとくっついて。

「パン屋へ食パンを買いに」「支援センターの見学に」「図書館へ本を借りに」「帰り道にドリンクをテイクアウト」など何か一つの目的を設定して散歩にでかけます。これから暑い季節になってくるとでかける時間帯も変わってきそうです。

1日のうちで一番ホッとする時間帯。夫と共にソファで思い思いに過ごす大人だけのくつろぎ時間です。

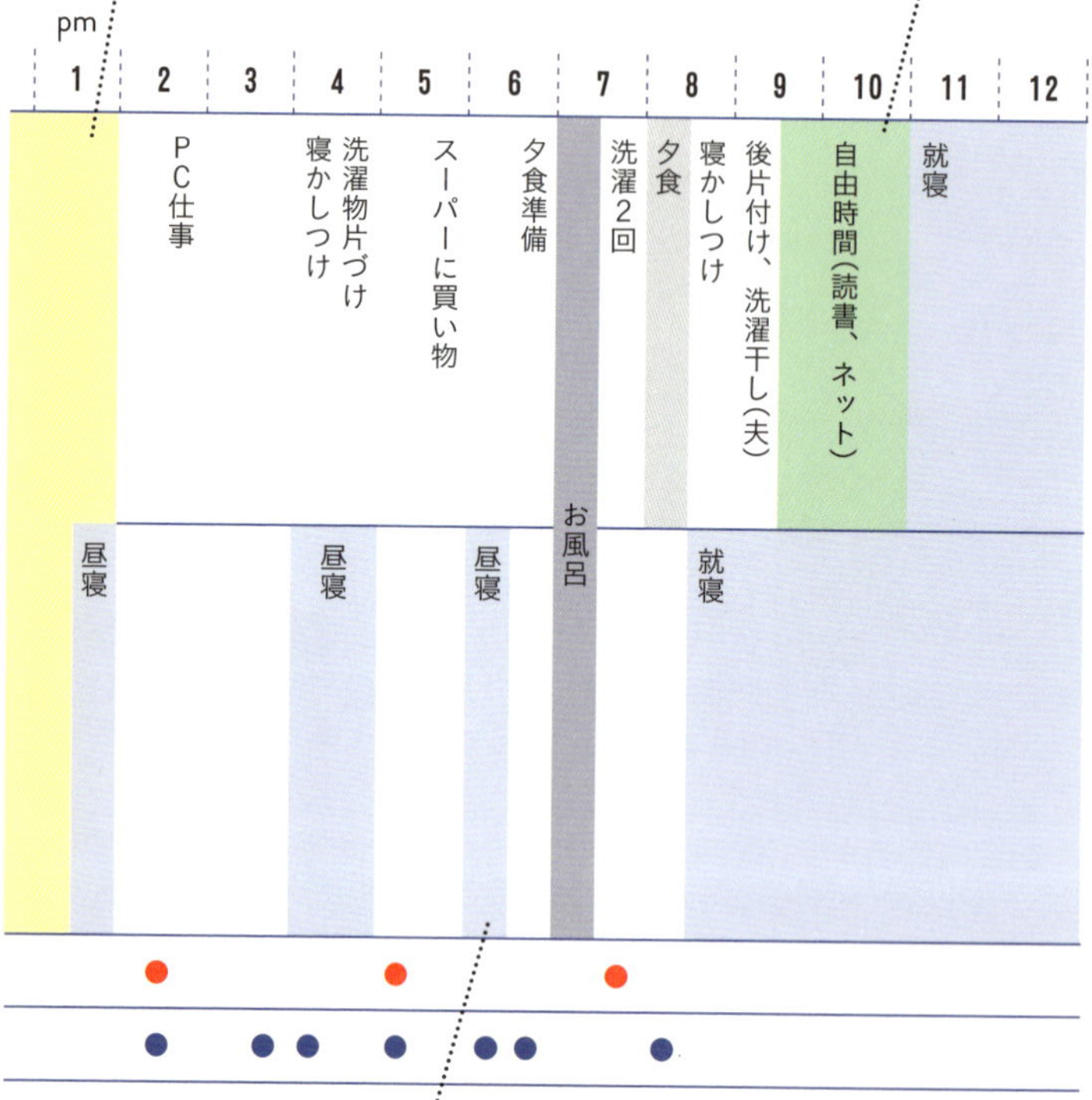

快適寝具「パシーマ」で、
すやすやお昼寝中……。

生後4ヵ月のタイムスケジュール

息子より少し先に起きて自分の朝食や家事をする時間を設けるようになりました。

引っ越して一度決めた収納方法も、生活してみて不便を感じるところは更新しています(例：夫の下着の収納場所、スタイの収納場所)

	am 1	2	3	4	5	6	7	8	9	10	11	12
生活 親						起床 家事(掃除、洗濯)	朝食 着替え	一緒に遊ぶ	寝かしつけ	家の収納見直しなど 化粧		散歩
生活 子							起床・スキンケア			昼寝	UVクリーム、紙おむつ	散歩
おっぱい	●				●			●			●	
おむつ	●				●		●	●	●		●	

乾燥肌なので、朝晩2回全身に保湿剤を塗っています(肌トラブル軽減)。

ぬれたおむつを“とりあえず”置くトレイを用意しました。金属なので扱いが簡単。

UVクリームはおむつセットに入れて。

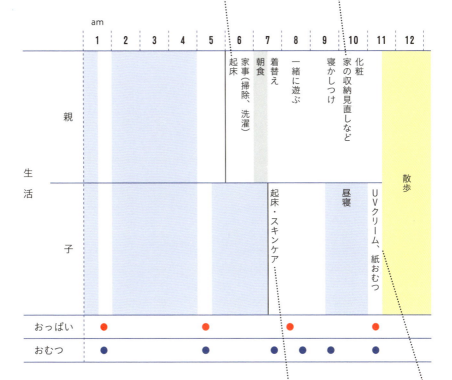

みんなの育児リアル取材 2

── 小林幹子さん

PROFILE

以前オーガニックコットンのお店で働いていた幹子さん。商品にあった布おむつは身近な存在で、洗濯のはかどる夏から使用開始(赤ちゃん6ヵ月の頃)。家族構成は、幹子さん、夫、息子(取材時6ヵ月)の3人。お家の間取りは1LDK。

幹子さんとは夫同士が友だちだったという家族ぐるみのお付き合い。家も近く、子どもの生まれた日も近く、同じ悩みを相談しあえる友人としてとても頼もしい存在です。この時点でのホットワードは、「離乳食」。「あげようとすると眠かったり、食欲がなかったりするんだよね」「わかる！　この先回数も食材も増えるし、メニューどうしようね」。

たとえ解決策が出なくても、こんな会話を交わすことがどれだけ助けになるかわかりません。

モノについての考え方も「極力増やしたくない」「ベビー専用のモノより他で代用したい」と共感できることばかり。持つなら本当に役立つものをということで、ベビーカー購入について「バスに乗るから折り畳みやすく軽いもの」「カバーを洗えるものがあまりない」と夫婦で深く考察している様子を素晴らしいと思いました。ただ、「カバーは意外と洗わないかも」と話したら条件から外す方向に……。先回りして心配していることが意外と起こらないのも、想定外の不都合が起こるのも育児。だからこそ、いろんな経験を話し合い、情報交換することが大きな糧《かて》になると日々実感しています。

大活躍！ 小林さんの、ベビー用品ベスト3

①バンブー素材のおくるみ

エイデンアンドアネイの白いおくるみ。授乳ケープ、肌掛け、冷房対策、日よけ、おむつ替えシートとしても活躍。万能！

②バウンサー

友人に借りたベビービョルンのバウンサー。最初は嫌がったけど、今はご機嫌で。

③ベビーパーカ・バスローブ

天然コットンの柔らかなバスローブ。すっぽり着せられるので、1人で入れる時に重宝。

赤ちゃんの日中の居場所は？

リビングに断熱シートとホットカーペットを重ね、その上にカーペットを敷いて日中の居場所に。プレイマットはデザイン的に抵抗があるので、「コドモノタタミ」の導入を検討中。

夜寝る場所は？

夜は夫婦のシングルベッド二つをつなげて、ママ寄りにベビー布団を敷いています。

メリーの代わりにモビールをゆらゆら。
風に揺れると大人も嬉しい。

夜間の授乳で付けるライト。光が強いので、リビング側に向けて直接当たらないように。

赤ちゃんグッズの収納、どうしていますか？

カゴが便利

もともと古道具が好きで、古道具屋さんなどから好みの道具を買ったりもらったり。このおむつを入れているカゴも、捨てられそうだったものをもらってきて使用。

絵本はカゴにざっくり収納。数が少ないうちは十分事足りているそう。おもちゃはホームセンターで買ったコットンのバスケットに。

動線を考えて

リビングから引き戸を開けるとすぐにベッドが。ベッド下に引き出しを入れて、リビングからすぐに取れる位置にベビー服を。

大活躍！

小林さんの、お気に入りのベビー服ベスト3

①「天衣無縫」のスタイ

シンプルな白で可愛らしく、腕を通すので絶対にずれない。

②「赤すぐ」のお着替え楽ちんフライス前開き半袖ボディ

脱がせるのがとてもラク。ベビー服は飽きのこないベーシックなデザインが好きです。

③「ユニクロ」のメッシュタンクトップ

暑い日はこれを着たほうが涼しそう。すぐに成長して着られなくなるから、リーズナブルなのが嬉しい。

小柄な日本人向きの抱っこひも

キューズベリーの抱っこひもは小柄な日本人体型にもフィットする日本製。強度や体重分散もよく考えられていて、〝パパが使ってもスタイリッシュ〟もテーマのひとつだとか。色のバリエーションが豊富で、職場の方からの出産祝いにリクエスト。小さく収納できるのもポイント。

小林さんのタイムスケジュール

6:00	家族全員で起床
7:00	夫のお弁当作り、洗濯、掃除
9:30	離乳食の準備、赤ちゃんの食事
11:30 ～ 13:00	赤ちゃんの昼寝
14:00	散歩と買い物
15:00 ～ 16:30	赤ちゃんの昼寝、夕飯の支度
19:00	赤ちゃんのお風呂
20:00 ～ 20:30	寝かしつけ
23:00	夫婦の就寝
	夜中に１～２回授乳

家事の小さな工夫

離乳食はまとめて作り、一食分ずつ小分けして冷凍。おかゆ、野菜など種類ごとに密封袋に入れて。

エクセルで自作した家計簿と、赤ちゃんにあげた離乳食のメモを冷蔵庫に。目に入る場所にあると、記入を忘れません。

Q17 お使いの抱っこひもとベビーカーを教えてください

・エルゴ(S・Nさん、E・Kさん、F・Kさん、C・Mさん、高梨さん、K・Yさん、浅野さん)

・キューズベリー(小林さん)

・シロクマ堂のスリング、首すわりまではベビービョルンのクラシックタイプ。(S・Nさん)

・ババスリング、ベビービョルン(オリジナルAir)(A・Kさん)

・ベビービョルンONE、ボバラップ(C・Tさん)

・おんぶもっこ、akoakoスリング(高梨さん)

・5ヵ月まではベビービョルン、以降はエルゴ(M・Sさん)

・napnap(浅野さん)

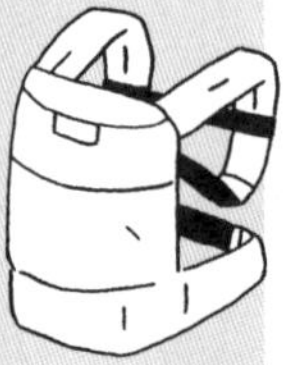

・アップリカのマジカルエアープラス(E・Kさん、M・Sさん)

・コンビめちゃかるファースト(S・Nさん)

・エアバギーとジープのB型を併用(ジープは小回りが利くので)(F・Kさん)

・コンビめちゃカル、アップリカのハイチェアー(開閉が固いですが、背の高い人にはおすすめ)(C・Mさん)

・ピジョンのランフィF(M・Sさん、高梨さん)

・BABYZEN YoYo(C・Tさん)

・アップリカのスティック(友人からの借り物。現在、購入予定のベビーカーを色々と検討中)(小林さん)

・KATOJIのJoie　エアースキップ(K・Yさん)

・マクラーレン、セカンド→クイニージャズ(浅野さん)

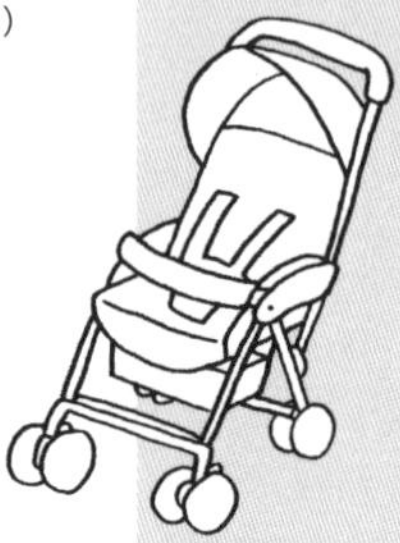

5 章

6〜7ヵ月

寝返り

育児とスペースづくり〈6～7ヵ月〉

6ヵ月に入ると、寝返りで赤ちゃんスペースからはみ出るようになりました。スペースを広くしようと利用したのは、寝袋の下に敷くアウトドア用のマット。2枚を並べ、その上にキルトを重ねると頼もしい厚みに。大人も一緒にゴロンとリラックスできる空間が生まれました。

それでも、息子は元気に転がり出ます。試しにキルトのラグを購入してリビングに敷いてみましたが、一部が汚れるたびの大物洗濯が大変！　すぐに敷くのをやめてしまいました。ハイハイが始まったら考え直すことにして、床問題は一旦保留です。

また、日中座っていることの多いソファから、息子のいる赤ちゃんスペースへの動線をよくしました。これまでローテーブルをまたいで息子のもとに行っていたのですが、これ

日中の赤ちゃんスペース

キャンプ用のスリーピングマットとイブル（韓国のキルト）を重ね、クッション性をもたせた赤ちゃんスペース。少し厚みがあって肌触りのよいコットンのキルティング、イブル。可愛いうえに丸洗いできて乾きやすく、布団やラグ、ソファカバーなど様々な用途で使えます。その下には以前から持っているキャンプ用のスリーピングマットでクッション性アップ。（キルティングラグマット イブル cloud small 100×140／U.L.コンフォートシステムパッド 150 キャンプ38 モンベル）

ダイニングテーブル
購入検討中

アウトドア用のテーブルを2つにして、モノ置きと仕事机としてのスペースを確保。このとりあえずの状態で、どんな大きさのテーブルが必要なのかを実感できます。

がプチストレス。いっそテーブルは壁につけてしまって、ソファと赤ちゃんスペースの間を開放してみました。食事時は夫婦で壁に向かって食べるので面白い感じですが、ポータブルテレビを壁に立てかけて観たりと悪くありません。バウンサーに座った息子をあやしながら、部屋の隅っこに家族3人で集う、こじんまりしながらも和やかな食事です。

　ダイニングエリアにも、手持ちのキャンプ用テーブルの追加という変化が。小さなテーブルひとつでは、モノを置くという機能と、資料を広げる仕事机としての機能が両立できなかったためです。とはいえ、蛇腹に巻いて収納できるキャンプ用品だけあって、書き仕事には不向きです。本格的に、ダイニングテーブル購入の検討が始まりました。

寝返り赤ちゃんの寝室づくり

大人のシングル布団2枚に3人で寝ていました。朝の早い日もある夫を夜泣きで起こさないよう、息子を離して真ん中が私の川の字です。狭さを感じてベビー布団を付け足しましたが、寝返りでベビー布団の下方に空いた隙間に落ち、泣くわ起きるわ。クッションやタオルケットを折り畳んで隙間に敷き詰めるのですが、非常に面倒で懸案事項です。

早まった！

授乳用のライト（充電式で持ち歩きできる）と寝かしつけで読む絵本の定位置がほしくて、イケアでベッドサイドテーブルを購入。床面を掃除しやすい足の高さと、圧迫感のないガラス製が決め手に。が、「もう少し成長したらガラス面に上るかもしれない……！」。活発に動き出す前のことで、想像もつかずに買ってしまいました。すぐに撤去し、しばらくWICに保管して、もらい手を探します。絵本とライトはリビングに置いて寝る時に運ぶように。何もない寝室が復活しました。（LED持ち運びできるあかり／無印良品）

育児と収納〈6〜7ヵ月〉

育児グッズ一軍の収納

成長とともによだれの量がどんどん増えて、一日に何度もスタイを交換する必要が出てきました。パッと取れる収納として、フタのないアイテムはうってつけです。おもちゃ収納と同じ、「F/styleの布型のバケツ（p63参照）の小さいサイズを導入してスタイ入れにしました。スタイの収納場所も、隣室のクローゼットから赤ちゃんスペースに移動です。

5ヵ月まで……

ベビー服の収納

以前は寝室のクローゼット内に収納していたベビー服・下着を、リビングの収納に移しました。子どもの着替えはリビングですることがほとんどのため、取りに行くまでの動線を短くしたのです。その際、収納を大きくすると中身が増えがちなので、小さな引き出しを選択。

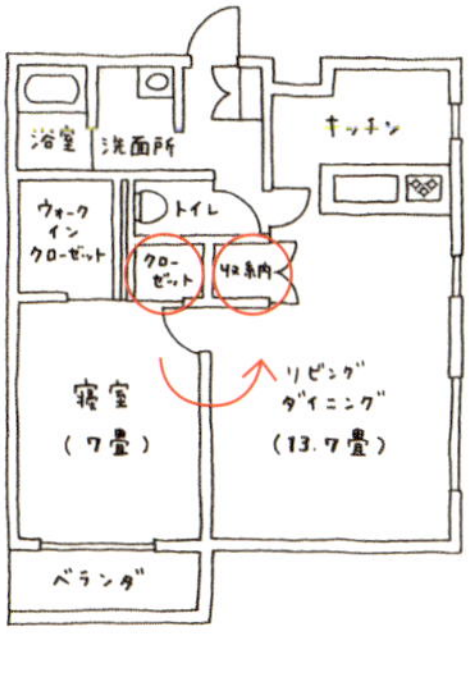

育児とモノ選び〈6～7ヵ月〉

真冬生まれの息子が夏を迎え、季節と成長に応じた服や小物、おもちゃが増えました。

この頃買ったモノは、どれも前もってではなく、必要なタイミングで購入。帽子が品薄だったりもしましたが、「買ったのに使わない」モノはひとつもなく、「サイズが合わない」どれも大活躍しました。妊娠中の買い物（主にパリ）で失敗したことを活かせたと感じています。

この頃買い足したモノたち

インナー肌着

友人に勧められたユニクロのメッシュインナーボディ。通気性良くさらっとして気持ちよさそう。夏のインナーとして4枚をローテーション（うち1枚はお出かけバッグに常備）。(UNIQLO)

ボディスーツ

いただいたプチバトーのボディスーツ。室内にいる時はこれ1枚で、寒くなったらインナーとして使用。(半袖ボディ／PETTIT BATEAU)

ベビー用帽子

本格的に暑くなってから探したら、すでに品薄だった帽子。どんな服にでも合う無地は見つからず、落ち着いた柄であるSHIPSのこちらを選択。マジックテープで留めるひもが便利。(SHIPS KIDS)

哺乳瓶

完全母乳でしたが、人に預けられるようにミルクもスタート。最初は飲んでくれなかったのですが、哺乳瓶を「ピジョンの母乳実感」に変えたところ飲むように。スパウトで白湯を飲む練習も。

おむつ替えシート

おむつ替え中も寝返ろうとするので、たびたび下を汚してしまう羽目に。「アカチャンホンポ」で使い捨てのおむつ替えシートを見つけて、うんちのゆるい時には敷くように。お出かけバッグに2枚常備。

オーボール

街で見かけるベビーカーの赤ちゃんがみんな持っていて、「これはさぞや」と購入。まだ手先が不器用な頃からつかめて楽しそうに遊ぶので、見ているこちらまで嬉しくなります。(Kids II Japan)

夏の育児

〈暑さと虫対策〉

冬生まれの赤ちゃんは最初は寒さに気を遣いますが、お出かけの楽しくなる月齢に暖かくなるというよさもあります。ただし夏場は暑さと虫刺され対策が重要！　とくに蚊除けには頭を悩ませました。

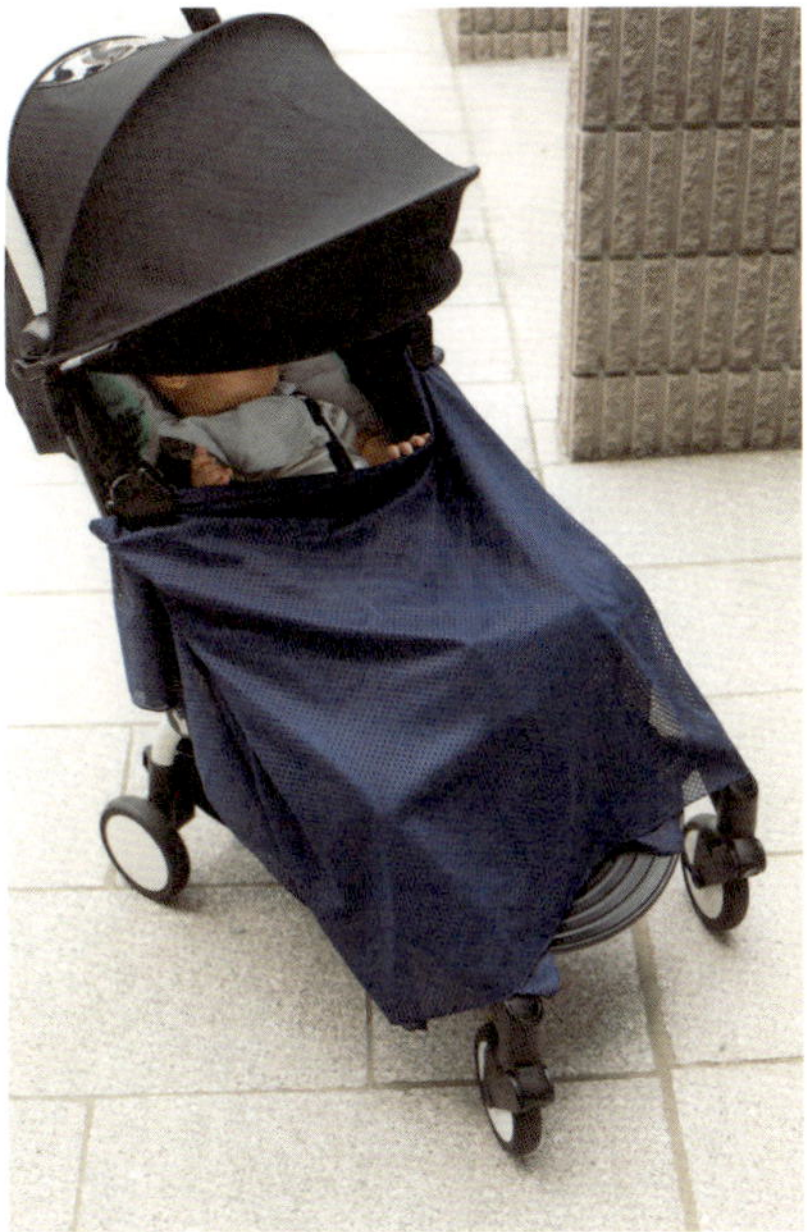

ブランケット

虫よけ加工のしてあるノースフェイスのブランケット。肌の弱い息子を虫刺されから守りたくて、探し当てたのがこちら。想定より高額な商品でしたが、おかげでひと夏虫に刺されませんでした。（バグフリーブランケット／ノースフェイス）

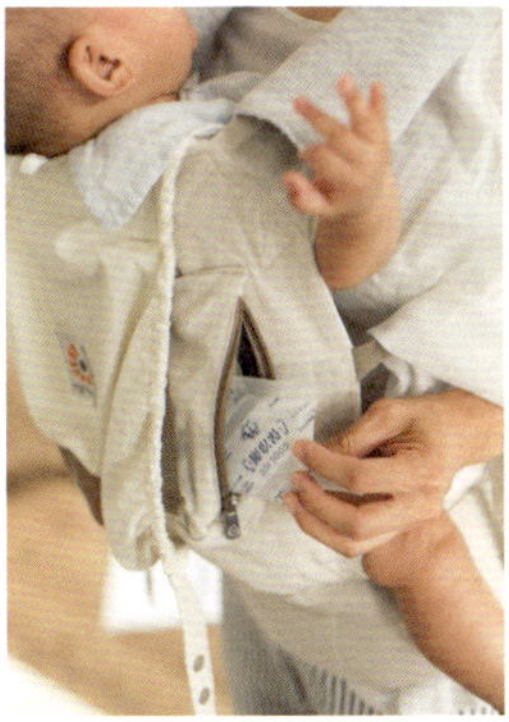

抱っこでお出かけの時は、エルゴのポケットに保冷剤を入れて。

おまけ！

おいしいと来客からも評判だった、無印良品の水出しで作るルイボスティー。晩のうちに冷蔵庫に入れておけば、翌日の水分補給に重宝。お湯で薄めてスパウトに入れ、息子にも与えました。

ママの日焼け対策に

日焼けしやすいので（私が）腕カバーや日焼け止めは必須。日傘は赤ちゃんの日よけにも。

虫よけに

北見ハッカのハッカ油を虫よけに。有害な殺虫成分が入っていないので安心です。
（ハッカ油スプレー／北見ハッカ通商）

育児と家事〈6～7ヵ月〉

さらなる作業量の増加で、
「離乳食」という
仕事に気持ちよく取りかかれる
キッチンづくりが課題に。
ベビーカーでの買い物は、
親の息抜きにもなりました。

6ヵ月を目前にして、離乳食を開始しました。授乳と離乳食の両方に時間を取られ、まとまった時間を取るのがさらに難しく。洗い物の量も増え、キッチンの手入れに気を遣う必要が出てきました。

掃除の本を眺めていた時、ある方がキッチン排水口を毎晩洗って乾かしておくという方法をとっていました。魅力を感じて真似てみたのですが、私にとっては手間が大きくて続けることができず。自分なりにハードルを下げて、乾かすまでしなくても「寝る前にシンクと排水口を磨く」というところに落ち着きました。

この新しい習慣で、翌朝の離乳食の準備に気持ちよく取りかかれるようになりました。

産後の買い物事情

ベビーカーを手に入れるまでは、抱っこひもでお散歩がてら、近所のスーパーで食材を買っていました。お米や紙おむつなど重いものはネットで注文です。

引っ越してベビーカーも使いだすと、徒歩15分の大きい駅へと散歩がてら出かけるように。新しい商業施設ができて、本屋や花屋を覗きながらの娯楽のような買い物です。ただ、移動中景色の変わるのを眺めて満足の息子も、買い物で速度が落ちると泣いてブーイング。常に腰にエルゴをつけておいて、いつでも抱っこに切り替えられるようにしていました。

古スポンジをカットして、小さい使い捨てスポンジを作成。重層石鹸でシンクと排水口をささっと磨きます。

離乳食はじめました！

食事のたびに少量ずつ作るのは大変なので、1週間分くらいの量をまとめて作って冷凍。だいたい寝かしつけた後の夜にストックを作りました。息子用の食器は、まずは家にあるモノで。薬味入れほどの小さな器と、スパイス用の小さなおさじで、バウンサーに乗せた息子の口に運んでいました。小鳥のついばみのように食べる姿がたまりません。

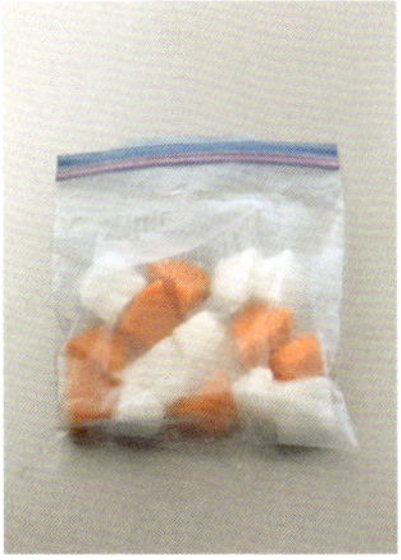

おかゆと、出汁で茹でた野菜のペーストを、氷用トレーでキューブ状に冷凍。凍ったら密封袋に移して保存していました。

最初の頃は、おかゆと野菜のキューブをひとつずつ。冷凍したものを器に入れて。

↓

電子レンジでチン！

↓

まぜて温度を調整したらできあがり。

みんなの！育児

Q17 子育ての悩みや不安、また育児ストレスの解消方法があれば教えてください

ママ友に話したり、ママ友の悩みを聞いたりしていると一人じゃないことを実感して悩みが解消する。実家で両親に孫を預けてゆったりする。（F・Kさん）

近所にある助産所に行き、ベビーマッサージを習うついでに助産師さんに悩みを相談したり、母・義母・先輩ママに色々と話を聞く。同じ月齢の子供がいる友人夫妻と出かける（子供がいても気を使わずにいられるので助かります）。（小林さん）

1人目のときに大変だった夜泣きが不安です（涙）。育児のストレス解消は、同士（ママ友）で悩みや愚痴をこぼし合うことです！（C・Mさん）

同じ月齢くらいの子たちの母親と集まって、子供を遊ばせながらおしゃべりをするのが楽しくリフレッシュする。産後3ヵ月くらいで「マドレボニータ」のバランスボールエクササイズに参加して知り合ったのですが、すごくおすすめです！（M・Sさん）

家族や友人に話す。主人にマッサージしてもらう。一人でお風呂でスクラブをする。赤ちゃんのかかとを触る（お腹から足で蹴っていたときを思い出し、気持ちが和らぎます）。（高梨さん）

しゃべること。（S・Nさん）

一度入院したので、とにかく元気に大きくなってほしいという部分が大きく、逆にその他の悩みにはあまり焦らずにかまえるようになりました。保育園に入り、気になることを保育士さんや看護師さんに聞けるようになったというのも大きいです。ストレスの解消方法は本を読むこと、コーヒーを飲むこと、甘いものを食べることです。（K・Yさん）

頼りになる友達に聞いたり話したり。一人時間を作り、カフェや店でおいしいものをゆっくり味わったり、自由にウィンドウショッピングをしたり、気ままに過ごす。（E・Kさん）

実家に帰省（電車で1時間半程）、実家でゆっくりお風呂に入る。甘いものを食べる。（C・Tさん）

育児とおしゃれ〈6〜7ヵ月〉

産後の「いい服」とは、育児のしやすい服。

買い物に出かけても自分のおしゃれに興味がわかず、ベビー用品や暮らしの雑貨にしか目が向きませんでした。

出産後はとにかく、頭も体も全身が赤ちゃんに向けられていて、自分の姿に視線を向ける余裕がありませんでした。それでも、最低限の身だしなみは大人のマナーであり、シャンとした生活のベースにも。その最低限を実現させるための、仕組みとセオリーが必要です。

まずはクローゼットから素早く服を選べるように、服の一軍を見渡しやすく、量を少なく。プチプラの服をヘビーローテーションで着倒したり、重ね着は考えずシンプルな組み合わせを心掛けました。

そして育児に向くのは「しゃがみやすい」「洗いやすい」「授乳しやすい」服。おしゃれな服も、これらのどれが欠けても着ていられません。また、息子はよだれが多かったので、紺やグレーのトップスは白く跡が残ってしまいNG。条件が絞られる点でも、少ない服で割り切って回すのが得策だと感じました。

シンプルスタイルで

無印良品のブラウスは、動きのあるシルエットで週に何度も着るほどお気に入り。薄い素材で、まくり上げてもかさばらず授乳もラクでした。ユニクロのストライプパンツは、涼しくて動きやすく、ガンガン洗って着倒し、衣替えのタイミングで手放しました。

6〜7ヵ月のお出かけセット

メッシュポーチにはおしり拭きと紙おむつ4枚(同じセットを車にも搭載)。ノースフェイスの巾着に息子の着替えと汚れ物入れ。ほか、肌掛けやおむつ替えシートになる竹布のブランケット、無印良品の除菌シート、リップや日焼け止めを入れたティッシュケース付きのポーチ、エコバッグ。

キッチン

収納の試行錯誤は続く…… 引っ越し後の変遷〈6～7ヵ月〉

BEFORE

フライパン収納

無印良品の積み重ねられる「PP収納ラック」を入れて、高さを活かした4階建て収納が完成。フライパンの持ち手を斜めにして入れることで扉がちゃんとしまり、取り出しやすくもなりました。（ポリプロピレン収納ラック／無印良品）

BEFORE

食器収納

食器を木箱に入れていましたが、中が見やすいように無印良品のワイヤーバスケットに変更。3つ並べて、左からお茶碗、平皿、お茶セット。（18-8ステンレスワイヤーバスケット／無印良品）

リビング

コロコロの収納

リビングの収納、中段の表板にコマンドフックで吊るしています。取り出しやすく、しまいやすい。

とりあえず、のラベリング

収納の試行錯誤中なので、ラベリングも「とりあえず、今は」。貼り換えやすいよう、貼ってはがせるラベルシールに透明のテプラを重ねてラベリングしています。

洗面所

自分の身支度を手早く済ませたり、おむつの下洗いをしたり、息子のおしりを洗ったり、手早くお風呂上がりのお世話をしたり……。何の動作をするにも、効率よく手早くできる仕組みであることが大切な洗面所の収納。関連のモノは近くに、取りやすくが鉄則です。

吊るす収納はほかのモノに干渉することなく、扉を開ける必要もなくワンアクションでモノが取れる、素早い動きに貢献してくれる収納方法です。

掃除用洗剤

水回りの掃除は「重曹せっけん」に統一しました。ふりかけ用の容器に重曹せっけんを入れ、すぐに取れるようラック上(洗面ボウルの近く)に。スポンジは穴をあけてフックで吊るし収納。この2つはセットで使うので隣同士に。

石けん置き場

無印良品の石けん置きの上にウタマロ石けんを。毎日使うのでオープンに。(発泡ウレタン石けん置き/無印良品)

手拭きクロス

濡れた手を拭くクロスは、バーから落ちるとストレスなので、バーに固定できるフックで吊るしました。ボックスティッシュは最初ラックにありましたが、他のモノに干渉しないようバーの留め具に吊り下げて。

玄関

玄関は、収納の試行錯誤が最も後回しになっていた場所でした。引っ越しを機に夫婦で靴の数を減らしたのできれいに並びましたが、今後息子の靴が増えることを考えるとまだまだ改善の余地があります。中段には靴の手入れセットや虫よけ、印鑑などを。

7月12日（生後6ヵ月0日）
この書籍の撮影だった1日。女性ばかりのチームで、誰かが常に息子をあやし続けてくれるので、息子はアイドル気分でずっと機嫌よく、夜はいつもよりぐっすり眠ってくれた。

7月13日（生後6ヵ月1日）
離乳食の品目を増やしてみた。おかゆに人参ペーストをまぜて人参がゆに。甘味が増して美味しいのかよく食べる。便秘が解消すればとバナナもあげてみると、問題なく食べた。そして今日、はじめての人見知り。初対面の男性に、口をへの字にしたのちビエ〜ン！と泣き出した。知恵がついてきた証拠だ。息子の小さな成長。

7月17日（生後6ヵ月5日）
実家からブレンダーを借り、その便利さに感動！ゆでたかぼちゃ＋だし汁が、あっという間にペースト状に。育児の神アイテムだ。先日初めてあげたかぼちゃは、甘味が少なくてベーと出してしまったけれど、今回は甘いのでちゃんと食べた。赤ちゃんでも一丁前に味覚がちゃんと機能しているんだなぁ。

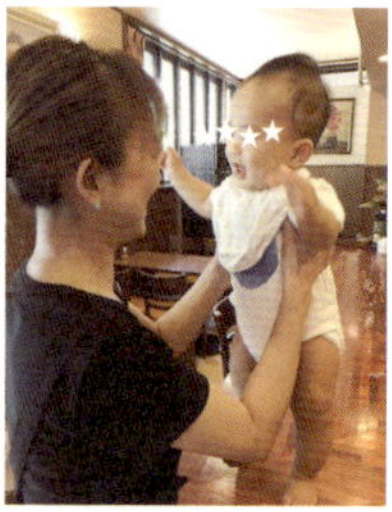

7月3日（生後5ヵ月21日）
私の母と息子と3人で初めてデパートへおでかけ。母が息子を見ていてくれるので、私は欲しかった「楽チンなパンツ」を買うことができた。そう言えば母と一緒にでかけるなんて何年ぶりだろう？　夕食はデパ地下で好きな弁当を選んでもらい帰宅して一緒に食べた。

7月7日（生後5ヵ月25日）
初めての離乳食、10倍がゆを小さじ1程度あげてみた。最初の一口は「？」という顔をしていたけれどスプーンをパクッとしておかゆを順調に飲みこんでいく。まずは良いスタートをきれてほっとした。

7月9日（生後5ヵ月27日）
息子同士が10日違いで生まれた友人家族が遊びに来てくれた。お互いちょっかい出したり出されたり、泣かされたり泣かしたりの連続。「成長したものだ」と言いながら、大人は面白がって動画撮影に夢中。彼らが大きくなったときに見せてあげたい。

6月15日（生後5ヵ月3日）
掃除の本を読んでいたら、掃除欲がむくむく上昇。本に載っていた方の習慣を試しに取り入れてみることに。夜、キッチン排水口の受け皿とカバーを洗って干しておく。できた日は晩も翌朝も清々しい。でも無理せずできない日はできない、でよしとする。

6月27日（生後5ヵ月15日）
息子と初めての家族旅行で、妊娠中にも訪れ、とても癒された茨城県の「里海邸」再訪。「ただのんびりする」という目的のもと、夫と順番にゆっくりお風呂に浸かったり、海を眺めたり、本を読んだり…普段の生活ではなかなか叶わないことばかりできた1泊2日の旅。「あぁ幸せ」と何度口にしたかわからない。息子がもう少し大きくなったら、海辺を散歩しにまた訪れたい。

9月22日（生後8ヵ月10日）
はじめて風邪をひいて鼻水がズルズル。寝苦しいのかぐずって泣きやまないので、あきらめて一緒に起きることに。ポータブルテレビをつけて一緒に鑑賞。思いがけず志村けんのお笑い番組が面白く、私が爆笑していたら息子も楽しそう。思うように寝てくれないイライラが消えていった。こんな夜泣きの対処法もいいものだ。

9月25日（生後8ヵ月13日）
腰が据わったので歩行器をレンタルしてみると、ごきげんで遊んでくれるように。好きなところにスイスイ移動でき、視界も広がって楽しそう。その間家事がはかどるので、こちらも助かる。まずは2ヵ月レンタルでお試し。

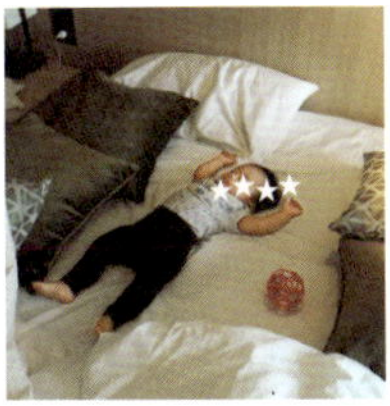

10月9日（生後8ヵ月27日）
夏の旅行へ行けなかったから、都内のホテルに1泊しようと目黒雅叙園へ。ベッドの寝心地が最高で、なんと息子は朝まで1度も起きることなく熟睡。おかげで好きなドラマをノンストップで見ることができて最高のリフレッシュになった。

8月13日（生後7ヵ月1日）
義父の誕生日。メッセージを書いた紙を息子に持たせて撮った画像を送ったら、とても喜んでくれ、プリントして飾ってくれていた！「まるで（息子）ちゃんに言ってもらっているようで嬉しかった」と。この小技、これからも使っていこうと思った。

8月21日（生後7ヵ月9日）
「大人の夏休み」というヨガ×生演奏のイベントに参加した。産後はじめて自分のために出かけたイベント。自分の身体を観察できた良い時間だった。放っておくと自分のことはどんどん後回しになってしまう生活だったが、たまには意識してケアしよう。

9月1日（生後7ヵ月19日）
「翌日は晴天」の天気予報を見て、前夜にエルゴを洗濯して干しておいた。お風呂の残り湯＋洗濯洗剤＋酸素系漂白剤を入れて洗濯機で洗ったら、くすんだ汚れもさっぱり落ちて気持ちが良い。

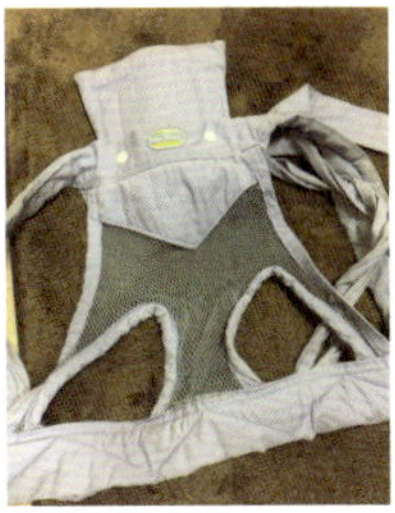

8月8日（生後6ヵ月27日）
初めて息子と二人で電車に乗って、義父母の家へ。ずっと遊んでもらってご機嫌。息子の相手をしてもらえるだけで私もかなり気が楽になるからありがたい。義母が昔ながらのおんぶひもでおんぶをすると、息子はなぜか号泣！義母にとっては自身の子育て時のお助けアイテムだったらしいので、孫もぜひこれに慣れていただきたいのだが…。

8月10日（生後6ヵ月28日）
都内での用事を済ませ、お昼を食べようとするもどこもいっぱい。唯一すぐに入店できたのが焼肉屋さんだったが、お座敷席があったおかげでとても快適に食事ができた。この時期の外食は、赤ちゃんをゴロンとさせられるお座敷席があると本当に助かる。

COLUMN ❹

【アトピーの道を模索しています】

赤ちゃんの乳児湿疹がなかなかよくならず、4ヵ月の頃に顔を痒がって起きるようになりました。耳も少し切れていて、心配になり小児科を受診。するとアトピー性皮膚炎の診断がくだりました。その時から、ありとあらゆるサイトを読み漁り、治療薬であるステロイドには副作用があることを知りました。そして同時期に、長年塗っていたステロイドをやめる「脱ステ」を選択した友人の話を聞きました。長い目で見れば、ステロイドは塗らないほうがいいのかもしれない……。そう思った私は、ステロイドをやめてみました。

すると薬で症状を抑えていた皮膚はどんどん赤くただれ、赤ちゃんは泣いて痒がりました。私は本当に、悩みました。かわいそうで、どうしたらいいのかわからず、世界がグレーに見えました。あれこれと調べると、この先肌はさらにひどくなっていくことも予想されました。そのことを考えると怖くてたまらず、私は1日中アトピーのことで頭がいっぱいになり、赤ちゃんにまで笑顔になれず精神的にかなり追い詰められていました。

そんな時、『育児の百科』という本の中に「平和共存」という言葉を見つけ、救われたような気がしました。平和に共存していけるならば、今は薬に頼ってもいいんじゃないかという考え方です。結局、もう一度小児科を受診して治療について再度お話を聞かせてもらい、脱ステは10日ほどでやめました。今は必要に応じてステロイドを塗りながら、母子ともに平和でいられる暮らしを選んでいます。

この問題には本当に賛否両論があり、何が正しいのかはわかりません。私は薬を使う治療を選択しましたが、使わない選択をされる方もいらっしゃいます。人によって「平和共存」の中身は様々です。よく考えた上で、自分が納得する方を選び取る。子育てはきっとこの先も選択の連続なんだろうなと感じます。今回のように再び進むべき道選びに迷うこともあるかもしれませんが、決めたからには誠意をもってその道を進みたいと思います。

6 章

8～9ヵ月

ハイハイ＆つかまり立ち

育児とスペースづくり〈8〜9ヵ月〉

8ヵ月でハイハイや
つかまり立ちを始め、
行動範囲と手が届く範囲が
急激に広がった息子。
部屋に家具が少ないこと、
自由に動き回れる
スペースがあることは、
この時期の赤ちゃんにもってこい。
そしてついに、
ダイニングテーブルを購入！

これまでキャンプ用品で間に合わせていましたが、いよいよちゃんとしたダイニングテーブルの必要を強く感じるようになりました。問題だったのは、食事をするローテーブルとキッチンの間が遠く、お膳の上げ下げが面倒なこと。また、ローテーブルは来客が増えると対応しきれないし、キャンプ用テーブルでは書き仕事がしにくい。

ついにダイニングテーブルの導入を決意し、家具屋さん数軒を物色。飛騨高山のメーカー「日進木工」のテーブルと椅子に決めました。

決め手は、歳月を経ても飽きないだろうシンプルで普遍的なデザイン。手仕事の味わいと、椅子の軽さです。角が丸いことも幼児のいる家には適していました。

思えば、ダイニングテーブルのある生活は結婚して初めて。食事も作業も、まあしやすいこと！　息子の手から食事や

資料を守れるし、助かることばかりです。

（ホワイトグッドシリーズ・テーブルWOT-681、ダイニングチェアWOC-132／日進木工）

歩行器、使ってみました

階下の部屋が空いていることもあり、お試しで歩行器をレンタルしてみました。あくまでも、歩行訓練ではなくお楽しみで使用。息子は好奇心満々で部屋中を探索して回っていました。推奨は、腰が据わってから、使用は短時間でとのこと。息子は3ヵ月ほど楽しんだのち返却しました。

※歩行器の注意点：床が傷のつかない素材であること、階下に騒音の可能性があること、段差やコードに注意をすること、使用中は目を離さないことなどが注意点として挙げられています。

仕事再開

この頃から少しずつ、本や雑誌等の仕事を再開。テーブルを得たことで、資料作成など作業の際の居場所が定まりました。この席は、リビングの息子と顔を合わせられる位置。足元に来てつかまり立ちをしても仕事道具に届かず、安心。

子どもの椅子

幼児用の椅子は「場所を取る」「足の指をぶつける」と聞いていたので、浅野さん(p 70)に勧められたイングリッシーナを選択。食べる時は足が接地している方がいいそうなので、大人の椅子を下に入れて座面に足をのせられるようにしています。(ファストベビーチェア　専用トレイ付き／イングリッシーナ)

育児と収納〈8〜9ヵ月〉

おまるやダイニングテーブルの導入、離乳食回数の増加などに伴い、必要箇所の収納を変えていきました。

おむつセット変えました！

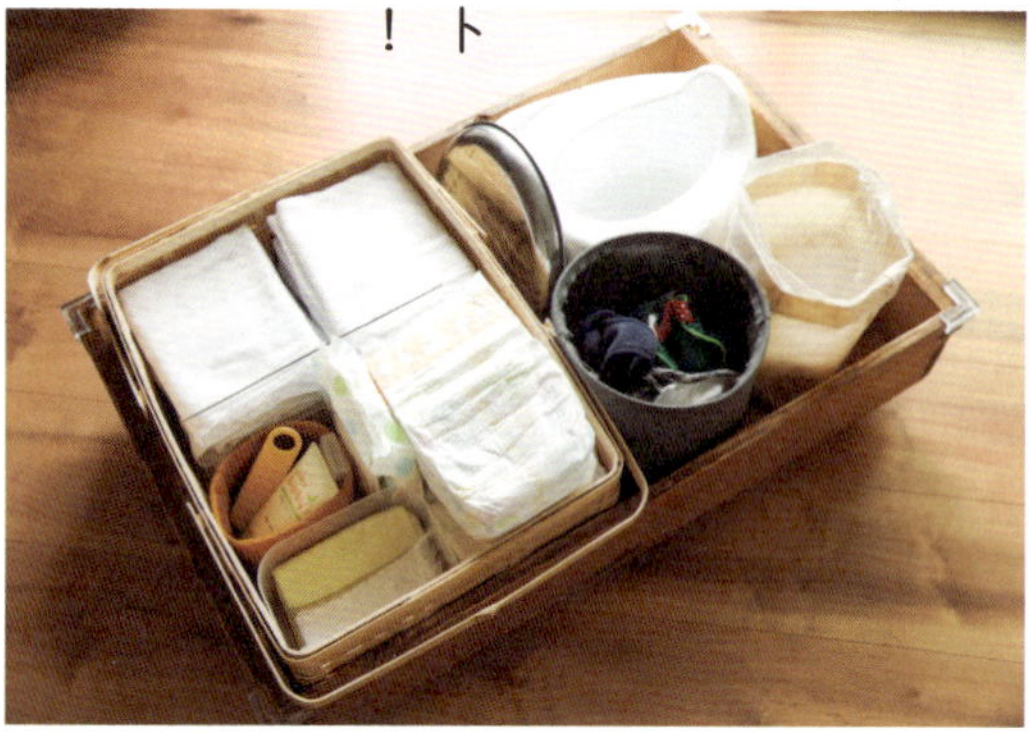

グルーミングは一括管理

おむつ以外への排泄を知っておくとおむつ離れの手助けになると聞き、食事のあとや寝起きなど、気の向いた時におまるに座らせてみています。おむつと一緒におまるも置いておきたいと思い、木箱に入れてみたらピッタリ！ 木箱内にはほかに、スタイ、使用済みおむつの一時置きトレイ、ゴミ箱など。

座った姿勢のまま引き寄せられるように、底に木ネジでキャスターをつけました。角にはガードをつけて。

リビング収納変えました！

テレビも収納

棚の横に布バッグを吊るし、ポータブルテレビを収納。見る時だけ取りだします。たまには息子に見せて時間稼ぎをすることも。

母のスペースも必要です

ダイニングテーブルの自分の定位置の横に収納棚を移動させました(以前はソファ横)。仕事の資料や文房具がスッと取れてラクちんです。普段使いのバッグは背後のカウンターに「かもいフック」をつけて吊るし収納。必要なモノの取り戻しがしやすくお出かけ準備もスムーズに。

離乳食が３回に！キッチン作業をよりラクにする収納のテコ入れ

キッチン収納変えました！

作業スペースからすぐ手の届くラックに無印良品のPP引き出しを追加（浅型）。１日何度も開け閉めする場所なので、重点的に改善。

あーでもない
こーでもない

カトラリー
哺乳瓶や小分けトレーなど赤ちゃん用品。それまで住所不定で出しっぱなしになりがちだった、形がまちまちなモノを集合。「どこにしまおう」と悩むことがなくなりました。

乾物、お茶類。

小さい食器類。

保存容器など。

容器に詰め替えた乾物と調味料。

調理器具。中一列の引き出しは、階段状に開けてポスティングのようにモノを戻していくとラク。

BEFORE

バーミックスの定位置

離乳食づくりで大活躍のバーミックスは、作業台のすぐ下にある引き出しに。ゆとりをもって入れているのでコードがほかのモノに絡まず、ざっくり取り戻しできてラクです。

日々成長を続ける赤ちゃんとともに、収納もインテリアも試行錯誤でどんどん変化を続けています。ほんの数ヵ月前の様子が、現在と大きく違っている様子に自分で驚くほど。家にいる時間が長いので、「こうやってみたらどうだろう」という思い付きが毎日のようにやってきます。ただ赤ちゃんを見ながらなので、思い付きをすぐに実践できないもどかしさも感じながら……。

この時点では、私の収納に対する考え方の中心は「どうすればお世話しやすくなるだろう？」ということでした。ただ、息子の可動範囲がものすごい勢いで広がっているので、これからは安全対策を重点的に考えた収納の仕組みが必要になってきます。今後その観点から、リビングに置く収納家具の新調も考えていくつもりです。

育児とモノ選び〈8～9ヵ月〉

この頃買い足したモノたち

抱っこがラクになるポーチ

子どもを座らせられるウエストポーチ。息子が風邪をひいて機嫌の悪かった日は、一日中抱っこのし通しでした。ちょっとお尻をのせておけるだけで、だいぶ負担が軽くなります。片手で支えて、片手で用事を済ませることも可能。歩けるようになったら外出時にも活躍しそうです。(POLBAN ヒップシートウエストポーチタイプ／ラッキー工業)

息子の布団を購入しました

大人の布団を買ったお店で、「子ども用の布団は隙間が空くし、子どもは大きくなるんだから最初から大人用を買った方がいい」とアドバイスをもらいました。なるほど！ と大人用を買い、３枚の布団を部屋ぴったりに敷き詰めています。寝返りでどんどん動くので、広い布団は正解でした。(→P.88、114)

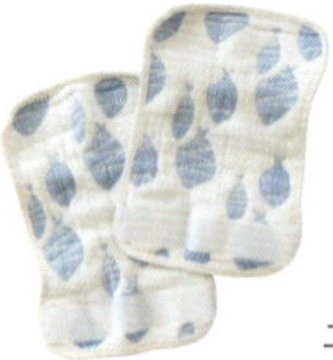

エルゴのよだれ対策

よだれが多くなってからは、抱っこひもにパッドを付けなければ肩紐がびっちょり。ボタンタイプだとずれてストレスなので、マジックテープでとめるもの、かつ絵柄が好みのモノを探しに探しました。洗うたびに柔らかくなり、お魚柄にも癒されます。気に入って、同柄のスタイも購入。(6重ガーゼのサッキングパッド／and)

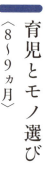

8～9ヵ月の子ども服

サイズ展開やバリエーションが豊富で、
良心的なお値段の無印良品とGAP。店舗数が多く、
いつでも買いに行けるのも魅力です。

ボディスーツ

夏に着せていた半袖が大活躍だったので、秋冬に備えてGAPで長袖を新調。しかし、同じ「80サイズ」でもデザインや生地の違いで大きさが違いました。ボーダーのものはすでにパッツパツ。ワッフル生地は大きすぎて出番待ちに……難しい。(長袖ボディスーツ／baby GAP)

ズボン

無印良品とGAPでズボンデビューしました。布おむつの時はぴったりとしたスパッツよりも、ゆったりとしたズボンがよいと履かせてみてわかりました。

ロンパース

ボディスーツと同じ日にGAPで購入。これも小さくて着られませんでした……。そもそも、動くようになるとつなぎよりも上下セパレートの方が着替えさせやすいことも判明。(baby GAP)

腹巻き付きパジャマ

激しさを増す息子の寝相ですが、腹巻でしっかりお腹を守ってくれているので安心です。洗い替え用にもう一着買い足し、ローテーションで毎晩お世話に。

ボーダーTシャツ

無印良品の「毎日のこども服」は、お手頃価格のうえ生地がしっかりしているのでお気に入り。成長に合わせてこれからもずっとお世話になりたい存在です。(毎日のこども服オーガニックコットンしましま長袖Tシャツ／無印良品)

助かります！
お下がりの逸品

アンパンマン
おおきなよくばりボックス

いとこからのお下がりの品。賑やかな見た目にはじめはひるみましたが、集中して遊ぶ姿を見て「開発してくれた人、ありがとう！」と頭を下げたいような気持ちに。仕掛けが多様で難易度が違うので、成長につれ、できることが増えて嬉しい。

アップリカの
バスチェア

あれば便利だろうなと思いつつ、自分で買うことはためらっていたバスチェア。友人が「使う？」と譲ってくれてありがたかったです。夏場に、空の湯船に座らせておけて(洗い場は狭くて置けない)、自分を洗えたので重宝しました。

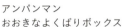

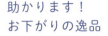

Q19 現時点で活躍している（お気に入りの）ベビー服ベスト３を教えてください

※(　)内…アンケートお答え時のお子様の年齢

C・Tさん(４ヵ月)
①プチバトー…セットになっている下着シリーズ。夏の子だったのでこれ１枚でOK！キャミソールタイプは注射の日にも。
②レッグウォーマー…体温調節に。外さなくてもオムツ替えができるのも良い。
③ミナペルホネンの“zutto”シリーズ。シンプルで丈夫でかわいい。おでかけに。

F・Kさん(１歳)
①サルエルパンツ(オムツでもったりしても目立たずかわいい)。
②ボーダー(気がつくとボーダー、無印良品様様です)。
③イニシャルのトレーナー(たぶん物心ついたら着てくれないと思うので、今のうちに変な格好を思う存分させておきたい)。

S・Nさん／９ヵ月)
①ユニクロの肌着
②BeBeのベビーベスト
③ブランシェスのスタイ

C・Mさん(5ヵ月)
ユニクロのエアリズムをインナーに。

K・Yさん／１歳３ヵ月)
①ベルメゾンのDAYSシリーズのウェア(まとめ買いすると安く、保育園のお着替えで大活躍です)。
②プチバトーのウェア(お出かけのときに)。
③ユニクロ、H&M、baby GAP、西松屋のウェア(着替えがどんどん足りなくなるので買い足し用に)。

(A・Kさん／2ヵ月)
①ファミリアのカバーオール型肌着(着せやすい)。
②カーターズのボディスーツ(可愛い、着せやすい)。
③ファミリアのトンプキンジャージのカバーオール(抱っこしていて気持ちがいい)。

(E・Kさん／11ヵ月)
①GAP
②H & M
③ユニクロ

(高梨さん／10ヵ月)
①ユニクロ(クルーネックボディ)…夏場の汗による洗い替えに重宝しました。洗っても伸びにくく、着せやすく、本人も動きやすそうです。
②NAOMI ITO(ショートオール)…可愛いく、肌触りも良いため。
③生活クラブ(オーガニックコットンボディスーツとパンツ)…O脚の赤ちゃんでも動きやすい作りのため。

(浅野さん／6ヵ月)
①aoのなすびロンパース
②naniiroコラボのガーゼワンピース
③GAPのノースリーブロンパース

M・Sさん(10ヵ月)
①soo pee nenne (ニットプランナー)のTシャツやズボンは生地やプリントが好きで気に入っています。
②H&Mのボディ肌着は夏の寝間着に最適でした。サイズも「85」など半端なのがあり、生地もよく、おしりもギャザーがしっかりあって着せやすい(しかも500円以下)。
③ユニクロのメッシュ下着は綿100%でプチプライスで非常に優秀だと思います。夏は重宝していました。

育児と家事〈8～9ヵ月〉

汚れが溜まって
掃除が面倒になるのが嫌なので、
汚れを見つけたら
こまめに拭《ぬぐ》うのが基本。
以前はこれだけでしたが、
息子が生まれて
新しい掃除の習慣が増えました。
洗濯や炊事にもさらなる
効率追求が。

使える雑巾

乾きの早いマイクロファイバーの雑巾。白なら汚れ具合がよくわかります。白は少ないので結構探して、5枚入りをネットで購入。（マイクロファイバー クリーニングクロス／業務用タオル）

掃除

マメに水拭き

フローリングはほこりが目立つうえ、ハイハイが始まると床の汚れはどうしても気になります。太陽の光が部屋いっぱいに差し込む朝一番に、床を水拭き。毎日と決めると負担なので、やる気の湧いた時、週の半分くらいのペースで。雑巾はシンク近くに置いて、すぐに濡らして取り掛かれるようにしています。

洗濯

洗濯した布おむつは、洗面所でパンパンはたいて肩に重ねてかけていき、ベランダで物干ラックに干しています。「パンパンする→干す」を一枚ごとに繰り返すより、「パンパンまとめてする→一気に干す」方が効率がよいと信じていて、これは家事の様々なシーンで心掛けていることです。例えば料理も、食材はまとめて一気に切っておくなど。

離乳食づくり

家中これ１本

スーパーで見かけて使い始めた重曹せっけん(粉末)を、家中の掃除と食器洗いに使っています。無添加無香料で肌についても安全なので、抵抗なく入浴中にも掃除できます。ほかにもキッチンのシンクやコンロ周り、玄関周りなど、こすり洗いは家中これ１本。よく泡立ち、よく落ち、手荒れもしません。引っ越しで荷造りをした際、洗剤類やスキンケア用品などのドラッグストア系アイテムの多さにうんざりしていました。１つでさまざまに使い回せれば使い分けの面倒もなく、収納場所も取らず、ストックの管理もとてもラクです。(暮らしの重曹せっけん／ミヨシ)

トレーに布

朝・昼・晩と、大人の食事とは別にクルクルやってくる離乳食タイム。食器やカトラリーは洗ったらすぐトレーにのせて、口を拭く用の布をかけてスタンバイ。離乳食の工程は意外と多く、「食器の用意→離乳食ストックの解凍→温度調整→エプロンをさせる→椅子に座らせる→おしぼりを濡らす→食べさせる」と続きます。最初の１工程を済ませておくだけでも、違う！

８ヵ月の頃の離乳食

軟飯＆ひじき鶏かぼちゃ煮、トマトだし汁、すりおろし梨、ルイボスティ。フリージングを利用した離乳食のレシピ本を参考に。冷凍ストックは、軟飯、おかず、茹でてみじん切りやペーストにした野菜。週２回ほどまとめて夜に調理して、冷凍しています。

寝かしつけは夫と交代で。フリーな方が夕食後片付けや洗濯干しを。

家事(離乳食と大人のおかずのストックづくり)、仕事(メール)、休息(テレビ鑑賞、読書、ネット)にあてています。9ヵ月で卒乳したので大好きなビールも再開♡

夕食はお風呂の後になることも。その日のタイミングで臨機応変に。

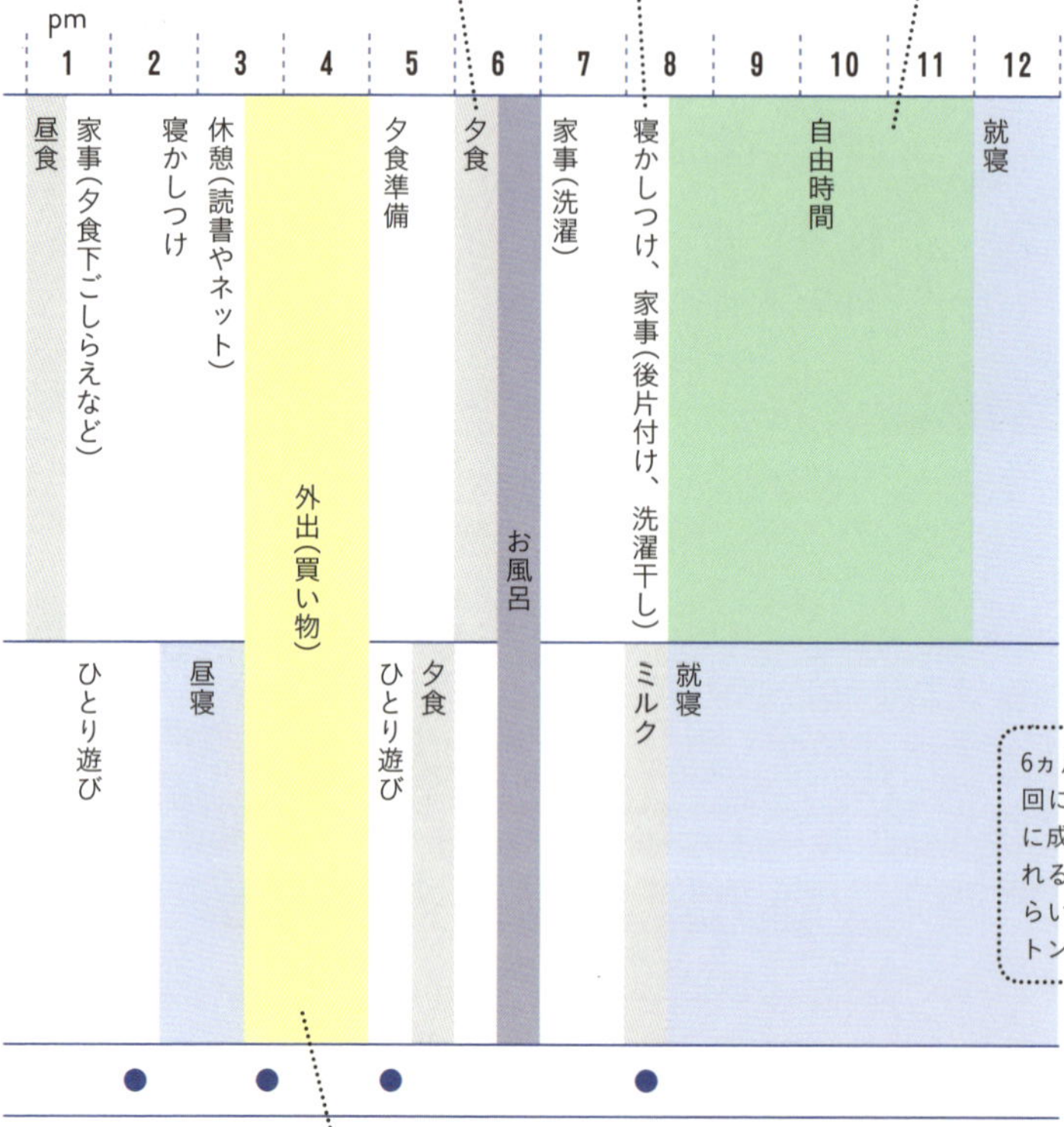

6ヵ月くらいから夜泣きが頻回になり、8ヵ月で夜間断乳に成功して以来朝まで寝てくれるように。就寝後2時間くらいは途中2〜3回泣くが、トントンすると再入眠。

友人からもらったパッカブルのリュックは、食材を入れるエコバッグとして大活躍。

よだれが多いのでスタイはたくさん用意しています。

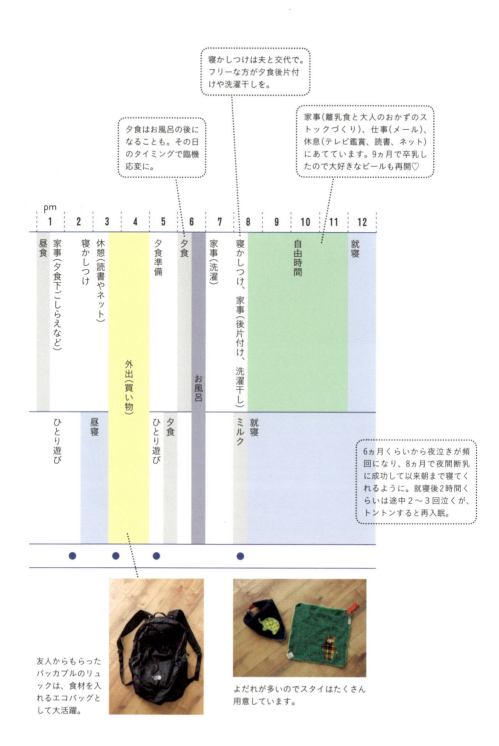

生後9ヵ月のタイムスケジュール

夫の休日には都内や地元、どこかしらへ出かけるように(夫婦ともに一日中家にいられない)。昼は離乳食持参の外ランチで育児のストレス発散。

だいたい7時前後に起きる息子に起こされ母子同時に起床。

離乳食は基本的に冷凍してあるものをチンしたもの＋バナナきなこヨーグルトが定番。自分の朝食もパンなどを一緒に準備。

		am 1	2	3	4	5	6	7	8	9	10	11	12
生活	親							起床 布団たたむ・軽く床掃除 朝食準備	朝食	着替え・化粧 一緒に遊ぶ・寝かしつけ	家事(洗い物や掃除)、雑用 疲れているときは一緒に昼寝	外出	昼食準備
	子							起床 ひとり遊び	朝食	着替え・スキンケア (余裕があればおまる)	昼寝	外出	昼食
おむつ								●		●		●	●

友人が子連れで遊びに来てくれるのがとてもよいリフレッシュになる(気兼ねなくゆっくりおしゃべりできる)。

NHKで朝ドラ→あさイチを見ながらが定番。TVは消した方が良いと思いつつも、ごはん時間を楽しく続けるために許しています。

近所を散歩したり、近くのプレイルームで遊ばせます(私はお母さんと子育て話でリフレッシュ)。

みんなの育児リアル取材 ③

高梨倫子さん

PROFILE

大学時代のサークル仲間だった倫子さん。未知の音楽や野外フェスなど、新しい文化に触れさせてくれた友だちです。家族構成は、倫子さん、夫、娘（取材時1歳0ヵ月）の3人。間取りは2LDK。

子どもと離れるのは美容院に行く時だけという倫子さん。「そういえばずっと一緒にいる」とサラリと言われ、驚きました。〝そういえば〟と言うほど、倫子さんにとって赤ちゃんとの暮らしは自然なことのよう。一方私は、出産後しばらく自分の時間がないもやもやをうまく処理できず、途方に暮れていました。散歩したり人を招いたり、気分転換の術を覚え、ようやく赤ちゃんとの暮らしになじんだのは生後半年頃。育児の道も人それぞれで、豊かな幅を持っていると感じました。

倫子さんが心がけているのは、娘が起きている時に無理に家事をしないこと。家事を1日単位ではなく、1週間単位でこなすように意識しているのだとか。例えば天気がいい日の家事、夫のいる時にする家事など。娘が起きていれば、一緒にハイハイで楽しみながら、床拭きすることもあるそうです。

大活躍！

高梨さんの、ベビー用品ベスト3

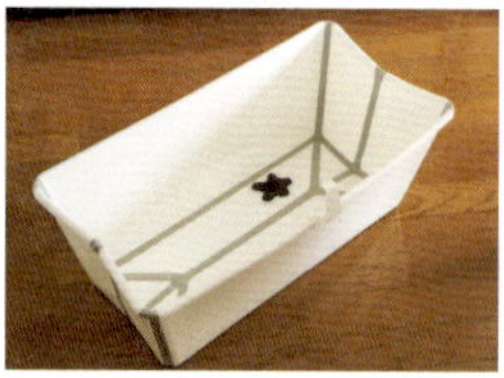

①STOKKEのフレキシバス

使わない時は折り畳めるベビーバス。4歳まで入れるというだけあって、大きくて入れやすい。水遊びにも使えて、いずれは収納ケースにも。

②NAOMI ITOの6重ガーゼケット・スリーパー

寒い時は暖かく、暑い時は汗を吸収してくれるガーゼのスリーパー。軽く、洗濯してもすぐに乾きます。右のショートオールも肌触りよく愛用。

③赤ちゃんの城のスタイ

胴体にかける紐がついているのでずれず、仰向けになっても顔にスタイがかかりません。

赤ちゃんの日中の居場所は？

家の中で最も日当たりのよい、リビングの窓辺が遊びのスペース。2つのオープンシェルフの下段に絵本とおもちゃを入れ、赤ちゃんが自分で取りやすいようにしています。

夜寝る場所は？

夫婦はベッドで、赤ちゃんは下に敷いた布団で寝ています。寝返りで壁やベッドの脚にぶつかってしまうので対策を検討中。掛け布団は室温に合わせてガーゼケットなどを重ねて。

癒しのモビール

壁掛け時計の黒い振り子を見て笑っていたのを見て、ゆらゆら揺れるモビールを設置。出産後引きこもっていた時期はママの癒しにも。デンマークのフレンステッド社のモビールを2ヵ所に。

Q 赤ちゃんグッズの収納、どうしていますか？

物量が少なく、収納スペースがコンパクトな高梨家。「その時必要なモノを、その場に収納する」が信条で、本当にちょうどいい場所にモノが点在している印象でした。

寝室のハンガーラックに無印良品の吊るせる小物入れを付け、帽子、カーディガン、スリングとおんぶ紐を収納。上着もここにあり、お出かけの支度が一度に済ませられます。

リビングからもアクセスしやすい寝室の入口に、赤ちゃんの衣類をまとめた無印良品の棚が。上段にはよく使うガーゼ、スタイを。

手作り大好き

母も祖母も洋裁が得意で、自然と自分も洋裁好きに。妊娠中に赤ちゃんの帽子などを作りながら、「こんなに小さいの？」と想像して楽しんだそう。

手作りトッポンチーノ

ベビーグッズの手芸本に載っているトッポンチーノを見て、これはよさそう！ と制作。可愛い刺繍も入れて。

お裁縫の参考にしたのは…

『新米ママもらくらく作れる かわいいベビーグッズ』（別冊美しい部屋）

手作りおもちゃ

児童館で気に入って握っているのを見て、これなら家で作れるなあと自作。好きな色を選んで作れるのも手作りならでは。

手作り帽子

洗えることが大切だから、コットンやコットンガーゼの生地に。伸びがよいので長くかぶれます。

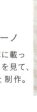

高梨さんのタイムスケジュール

6:00	授乳、起床 おんぶしながら朝食準備とお弁当作り。洗濯、身支度
8:00	離乳食と授乳
9:00	散歩、買い物、児童館などへ向かう
12:00	昼食、離乳食と授乳
14:00	娘と遊んだり、散歩、お昼寝など
16:00	夕食の下準備
17:00	娘をお風呂に入れる
18:00	離乳食と授乳
19:00	夫帰宅。夫が娘と遊んでいるうちに夕食準備
20:00	娘にベビーマッサージや読み聞かせをして寝かしつけ。親の夕食
21:00	夕食の後片付け、洗濯、掃除、明日の準備
22～23:00	就寝。夜間に何度か授乳

離乳食の工夫

今日のごはん

軟飯、じゃがいもの煮物、野菜スープ。野菜スープは夫の好物で、娘も好みを受け継ぎました。

ストック

まとめて作って小分けできるトレーで冷凍してストック。右がごはんで、左が野菜スープ。

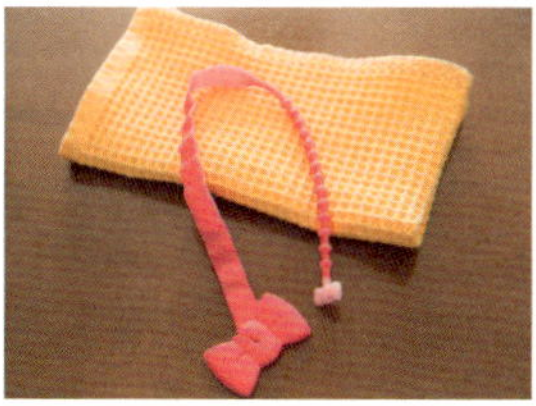

これは便利！

スタイ代わりに「リッチェルおでかけランチくんどこでもエプロン」を使用。手持ちのタオルや布巾をひっかけてエプロンにできます。厚手薄手を調節できるし、腕の動きに制約も出ません。収納に場所を取らず、洗う手間もなくてラク！

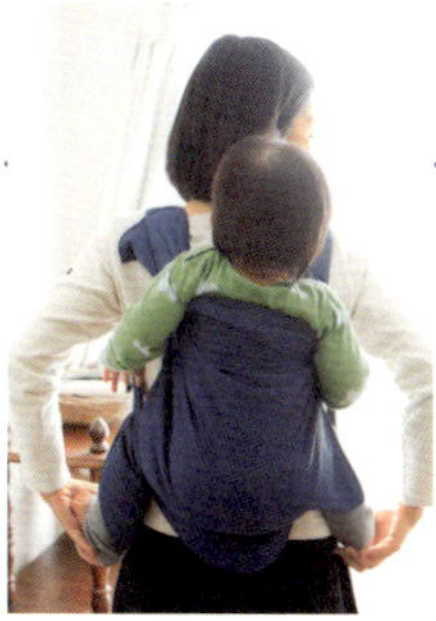

おんぶひも、重宝してます！

「おんぶもっこ」は、熊本・天草の海仕事をする女性に伝わるおんぶひもを現代版にしたもの。子どもとの密着度が高く、重心も心も落ち着きます。高い位置で支えているので振り返ればアイコンタクトできるのもよいところ。おんぶひもの導入で家事ができるようになりました。

COLUMN 5 【育児と孤独】

現アパートに引っ越してきたばかりの、息子が生後5〜6ヵ月の頃、私は激しく孤独に襲われていました。部屋の窓から外を歩く小さな子連れママを発見しては、「どこいくんだろう？」と思いながらジーっと眺めてしまったり、夜寝る前にスマホで「育児　孤独」と検索してみたり。今振り返ってみると、けっこう「ヤバかったな」と思います。その頃ちょうど息子がアトピーと診断されたこともあって、産後もっとも情緒が不安定だった時期でもありました。

当時どうしてあんなにも孤独を感じていたのか、分析してみると……。

・大人と話す機会が少ない（仕事の人とのお付き合いがほとんどなくなった）

・同じことの繰り返しで「育児と家事」だけの単調な生活（家に閉じこもりがち）

・他のママたちはきっともっと前向きに育児しているのに、という思い込み（SNSの見すぎ）

こんなことが挙げられます。

そんな孤独を感じながら、一方では「一人の時間がほしい！」とも感じていて、心穏やかではありませんでした。「このままではいけない！ 育児が苦行になってしまう……」、私は生活に変化をもたらすアクションを起こしました。

まず同じ境遇のママさんたちと触れ合える場所を探しました。すると近所に自治体が提供する、赤ちゃんを遊ばせられるプレイルームがあることがわかり、7ヵ月の息子を連れて行ってみたのです。「せめてお座りができてから」と思いこんでいたのですが、「もっと早くから来ればよかった！」と後悔するほど楽しい場所でした。同じくらいの子どもを持つママたちと何気ない会話を交わすだけで、育児の孤独感が解消されていく心地がするし、息子も他の子たちの様子を見たり、新しいおもちゃに夢中になったりと、とても楽しそう。それから育休中は毎日のように通い、顔なじみのママもできて、散歩中に近所でバッタリ会うと挨拶を交わすようになりました。「みんなこの町で子育てしているんだ」という実感も、孤独感を吹き飛ばしてくれたのです。

さらにお客さん（友人や仕事関係の人）を自宅にたびたび招き、お茶を飲みながら世間話をする時間も何よりのリフレッシュになりました。人を招けば家の掃除をいつもより念入りにするきっかけにもなり、生活に張りをもたらす作用があって良かったのだと思います。

そのうち気づけば頭の中から「孤独」というワードは消えていました。私にとって孤独感解消の特効薬は、シンプルに「人と会うこと」だったようです。

7章

10～11ヵ月

ハイハイ&
つかまり立ち

育児とスペースづくり〈10〜11ヵ月〉

デザイン的に抵抗のあった
ジョイントマットも、
部屋になじむ色を見つけて
懸念解消。使ってみたら、
予想以上の快適さ……！

遊び方が激しくなり、おもちゃを投げることが増えました。床に当たると結構な音！引っ越し当初に近隣から泣き声へのクレームを受けたことがあり、音にはかなり神経を使っています。このことが決め手となり、ジョイントマットの導入に踏み切りました。

マットを敷いた当日のこと。おむつからうんちを落としてしまい、それを息子が踏むという奇跡のアクシデント発生。以前のラグなら丸ごと大物洗いでしたが、今はその部分だけを外して洗えます。これぞ、ジョイントマットの醍醐味！

またクッション性があるのでハイハイの膝に優しいし、つかまり立ちに失敗して転んでも衝撃が少なく済みます。大人にとっても床の冷たさをやわらげ、歩き心地もよく快適。息子と一緒に転がって本を読んだり、座り込んで遊んだり。プレイゾーンがエアマットの外に大きく広がって、楽しさとくつろぎ度が大きく上がりました。

マットどうする？

インスタグラムで様々な人の家のジョイントマットを見て回り、ホワイトグレーを発見して商品検索。大判サイズはゴミの溜まりがちなつなぎ目が少なく、助かります。敷いたのはリビング部分のみで、ダイニングは掃除のしやすさ優先でフローリングのまま。（大判ジョイントマット／ottostyle.jp マックスシェアー）

いよいよ始まった、動く赤ちゃん期

家の中の危険その❶

入ってほしくない

ベビーゲート設置

ハイハイでキッチンまで来られるようになり、「モノを落としたら危険」「炊事がはかどらない」などベビーゲートの必要を感じるように。設置する場所が幅広のため、拡張フレームでサイズ調整できるもの、開けっ放しでホールドできるもの、白一色で目立たないもの、この条件で、「メタルゲイトW Sie:s シーズ」を選びました。(日本育児)

気をそらす作戦

幼児教材のDMに入っていたサンプルを、ゲートの横にきれいにはがせるコマンドタブで貼り付け。「お母さ〜ん」と来ても、ここで引っかかるので時間が稼げます。飽きないように時々貼り替え。

家の中の危険その❷

押すと動く

BEFORE

ワゴン撤去

キャスターがついていて押すと動いてしまうキッチンワゴンは撤去(母が自宅で使うと持っていきました)。撤去したワゴンに入れていた布類とお菓子類はユニットシェルフに移動。

家の中の危険その❸

押すと出る

BEFORE

つかまり立ちで
手が届いてしまう…

AFTER

ここなら手が届かない！

ウォーターサーバー変更

ウォーターサーバーを手の届かない位置に注水ボタンのあるサーバーに変更。このサーバーは、使用済みボトルをつぶして資源ごみに出せる点でも気に入っています。

育児と家事〈10〜11ヵ月〉

気づかないうちに、あらゆる家事量が増えています。「先取り家事」が、さらに重要に。

息子の成長とともに、すべての家事が増えていることに気づきました。着ているものが「つなぎ」から「シャツ、ズボン、下着、パジャマ」とバリエーションが増え、布おむつも2枚重ねにしないと漏れてしまうようになり、洗濯物が大きく増量。離乳食の回数が増え、一回に食べる量も増え、調理と後片付けも増量。動き回るので掃除も念入りになりました。少しずつすべてがボリュームアップしており、一日中家事に追われている印象です。「やってもやっても終わらない」感で途方に暮れてしまうことも。

対策は、「追われないで、追う家事」を加速させること。「支配されているのではない、支配しているんだ!」という強めの意識で取り組むことです。産後からずっと意識していることですが、平穏な日々を送るために、より重要な考え方になっていると痛感しています。

追われないで追う家事に

汚れが溜まる前に!
入ったついでの
トイレ掃除

① 

トイレットペーパーにアルコールスプレーを吹き付けて。アルコールは除菌ができ、すぐに揮発するのでさっぱりします。母から受け継いだ習慣。

↓

② 

「トイレ掃除をしなくちゃ」と追われるのではなく、入るたびにどこかをササッと拭っておく。トイレが引っ越し前より広くなり、節水型のせいか水はねしやすいので、頻度を上げて対応します。

すぐに使える場所にスプレーを。目につく場所なので、シンプルな容器で。

子どもと
一緒にいるときに家事

床面での行動範囲が広がっている今、特に床をきれいにしたい。「汚れてから」ではなく、光が差し込む朝のうちに雑巾がけをします。ハイハイができるようになると、後からついてきて腰につかまり立ちをしてしまうことも。そんな瞬間も楽しみながら、朝の時間を一緒に過ごします。

「ついで」掃除のススメ

赤ちゃんの居場所であるマットは、一番汚れる上に、一番きれいにしておきたいところ。掃除機をかけている時なら掃除機で、布団にコロコロをした道すがらコロコロで、寝室に雑巾をかけていたら雑巾で、ちょこちょこついで掃除をして、「ここをきれいにしなきゃ」という大きな用事を作らないようにします。

夫に家事をしてもらう工夫

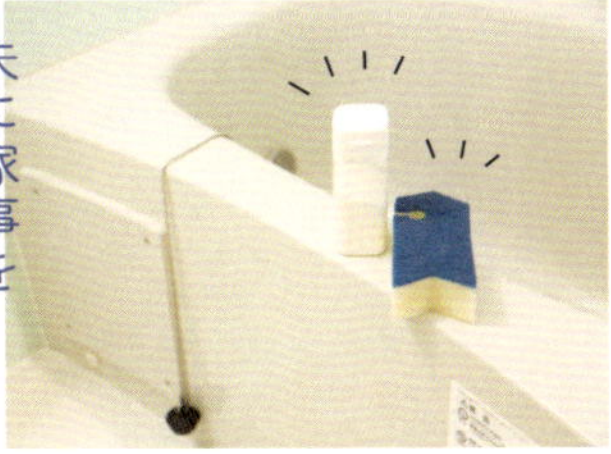

お風呂からあがる時、「君が使い終わったら掃除をしてね」という夫へのメッセージを込めて湯船のフチに洗剤とスポンジを置いておきます。はじめ、「これで掃除するの〜？」と聞かれて、「言わなきゃわからんか」とイラッ。今は、言わずともやってくれます。出しておくのを忘れると、やってくれませんが……。

家事貯金①

これだけやってから寝る！の家事

朝が忙しいのは、息子の世話をしながらの朝食準備、片付け、掃除、身支度などなどすべき雑事がたくさんあるから。だからなるべく、仕事を減らしておきたい。どんなに疲れていても、「明日の自分のために！」。ここでがんばっておくと、出かける日でも余裕のある朝を送れます。

② ストローボトル洗い

最も苦手な家事と言っても過言ではない、パーツが複雑で洗いにくいストローボトルの洗浄。毎晩、「明日にしてしまいたい…」と思うのですが、さぼると翌朝のうんざり感がすごい。嫌いな家事から朝を始めるのはつらいことです。

① 夜のうちに洗濯

夜の洗濯は以前からの習慣。息子の衣類やタオルも増え、この「夜のうちに」が大きく朝の負担を減らしてくれます。夫婦のうち1人が息子の寝かしつけをし、1人が干すという役割分担。夜洗濯に間に合わなかったスタイやガーゼは小さなバケツに浸け置き。

③ プレイマットの上を片付け

息子が寝たら、部屋に散らばったおもちゃや絵本を定位置にお片付け。おもちゃは最小限に。部屋をリセットしておくと、気持ちの良い朝のスタートを切ることができます。

7章 10〜11ヵ月

家事貯金②
週2で夜のストック調理

キッチンが狭く、水切りカゴがあると、まな板が置けません。包丁仕事をする時は、水切りカゴをどかす必要が。面倒なので、まな板を出した時には、せっかくだからとまとめ切り！　離乳食に限らず、大人のおかずも先取り料理です。だいたい週に2度、息子が寝たあとに。

① 野菜の下ごしらえ

離乳食に大活躍のかぼちゃを下ごしらえ。大人用にも分けて、「野菜炒めセット」等を作っておきます。横の袋は中途半端にあまった葉物野菜をカットしたもの。汁の実に便利です。とにかくすぐ煮たり焼いたりできる状態にしておくのが肝。下処理済みの野菜を見て、その日のメニューを決めることも。

② 離乳食のストック

食べる量が増えたので、アカチャンホンポで離乳食用タッパーLサイズを購入。野菜と肉を混ぜたおじやや、パスタを作って小分け冷凍。息子は大食漢で、数ヵ月後にはタッパーが大人用に進化。離乳食用タッパーは主食ではなくおかず用に使用するようになります。

③ 大人用おかずストック

五目ひじき煮やきんぴらなど、何食かまかなえる分を作って保存。作り置くと余らせがちでしたが、朝食のパンにのせる技を義父から教わり完食できるように！「パン→マヨネーズ→おかず→スライスチーズ」とのせてトースターで焼くと、立派な朝食になります。キムチもおすすめ。

育児とモノ選び〈10〜11ヵ月〉

この頃買い足したモノたち

長袖トレーナー

無印良品ベビーのこのシリーズは、いろんな動物たちのプリントがたのしい(オーガニックコットン裏毛プリントトレーナー　ベビー80・くま／無印良品)

ズボン

冬用にズボンを２本買い足し。からし色のほうは特に気に入ってヘビロテしています。(左：SWAP MEET MARKET 右：Kids case)

カーディガン

「H&Mには掘り出し物がある」と友人に聞き、膨大な商品の中から掘り出してきたカーディガン。大人物を小さくしたようなデザインに一目ぼれ。(H&Mベビー)

ベスト

以前から好きなモンベルにはベビー用衣類のラインナップも。アウトドアブランドなので防寒性に優れ、デザインも可愛い。フリースベストが温度調節に重宝です。(クリマプラス200 ベスト Baby's 70-80／モンベル)

ボディスーツ

甥に贈ったノースフェイスのボディスーツが、お下がりで回ってきました。寒い日の長時間外出で着せています。着ぐるみのような可愛さは、きっと今だけ！

いただきもののカーディガン

お祝いでいただいたミナペルホネンのカーディガン。スナップボタンなので着脱がラクです。胸元のさりげない刺繍が愛らしい。肌寒い日にTシャツに重ねて。

子ども服の収納

冬服になり、上着類などかさばるものが増えたので吊るすスペースを増設。息子の衣類をしまっているリビング収納に、つっぱり棒を渡して簡易クローゼットに。上部は出し入れの少ない場所なのでデッドスペース利用になり、かつエルゴが扉に下がっているのでお出かけ準備がその場で済みます。

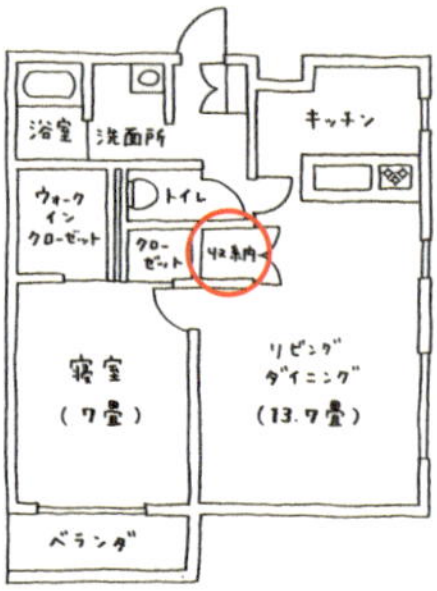

子どもの服を買う時は、「洗いやすく乾きやすい素材」「シンプルなデザイン」であることを確認します。またトップスにボーダーが多い時はボトムスを無地にするなどコーディネートがしやすいように。どの上下を合わせてもしっくりくるように、全体の色味は自然と、ネイビー、グレー、白、からし色……と地味目に統一されてきました。

ついあれこれ買いたくなりますが、「引き出しに入る分だけ」の意識が大切。11ヵ月時点で長袖Tシャツ7、長ズボン6、長袖下着（ボディスーツ）2、半袖下着（同）2、カーディガン3、ベスト1、コート1、ジャンプスーツ1、靴下5、レッグウォーマー3となっています。

ソックス

PUENTEのアルパカ手編み毛糸ソックス。新生児用は履かせる機会もなく友人に譲りましたが、サイズを大きくして再登場。寒い日に、靴下の上から靴代わりに。自分も履いているので、初のお揃い。(PUENTE)

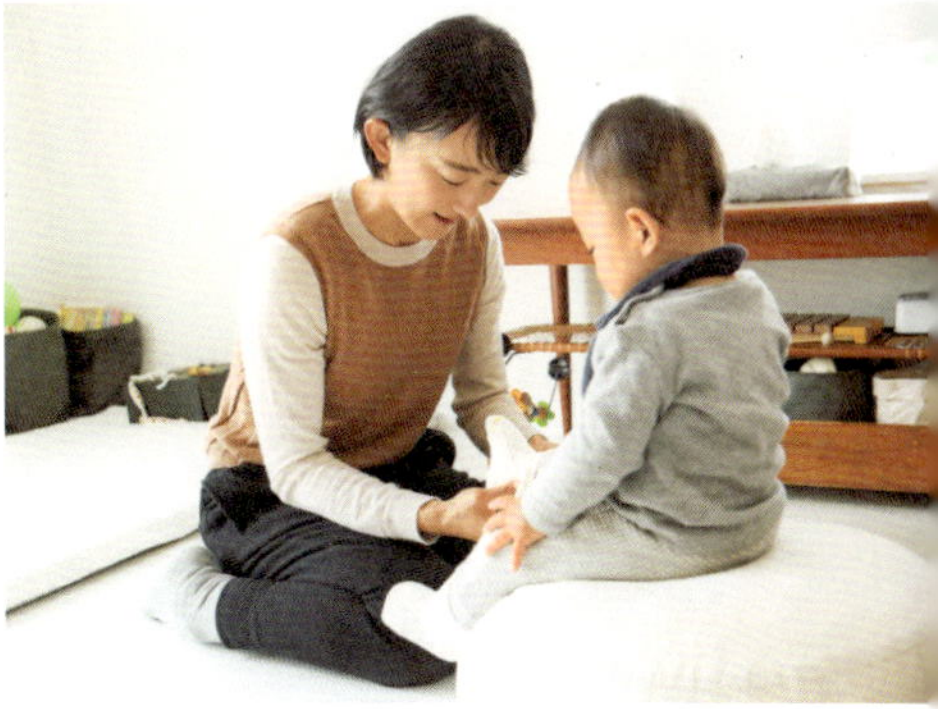

妊娠前も妊娠中もリラックスに大活躍のビーズクッション。安定感があるので、息子を座らせて靴下を履かせるのにも貢献。ちんまり収まり、なんだか可愛い。

レッグウォーマー①

実は大人のアームウォーマーですが、子どものレッグウォーマーにも使えると聞いて購入。上のソックスと合わせて、足元の完全防備。(PUENTE)

レッグウォーマー③

ずっと探していた単色のレッグウォーマーを、伊勢丹のベビーフロアで発見。どんな服にも合わせやすい。

レッグウォーマー②

COMECHATTO & CLOSETで購入したレッグウォーマー。厚手でずれにくいので、家の中をハイハイする時に。

スタイ

「よだれが多い子に」というキャッチコピーに惹かれたマムトゥーマムのスタイ。裏面に防水加工があり、バンダナ型でずれにくい。気に入ってリピート買いです。(Mum2Mum)

赤ちゃんのお世話

卒乳と離乳食

8ヵ月の半ば過ぎ、夜泣きがどんどんひどくなりました。泣くたび授乳で寝かしつけていましたが、「その授乳が夜泣きの原因」と聞いて夜間断乳を試すことに。最初の晩は、泣きっぱなしで母子ともにげっそり。けれど日に日に泣く時間が短くなり、1週間で一晩中ぐっすり眠るように。乳への執着も弱くなり、夜間断乳の2週間後に昼間も自然と卒乳です。

もともと大食いだった息子は、卒乳してさらにたくさん食べるようになりました。その量、例えるなら「小食なOLさん」。レトルトでは足りないので手作りのほうが手っ取り早く、その時ある野菜・タンパク質・炭水化物を組み合わせています。定番はおじや、シチューなど。

減塩茅乃舎だし

先輩ママに教わった離乳食お助けアイテム。簡単にだしが取れて、何でも美味しくできます。少々高価だけど、前向きに離乳食づくりができるのでその価値あり。（久原本家 茅乃舎）

野菜コンソメスープの素

原材料がシンプルで安心。個包装で使いやすく、野菜スープやシチューなどの味付けに重宝。(maruta)

ベビースパゲッティ

これに出会うまで普通のパスタを手で折っていましたが、飛び散るのがストレスでした。これは短いので折る必要がなく、必要分を出したらジップできて便利。（はくばく）

早すぎた？

使い捨ての紙エプロン。外出時にと思いきや、着けた途端に破かれてしまいました。もう少し大きくなったら使えるかな…？

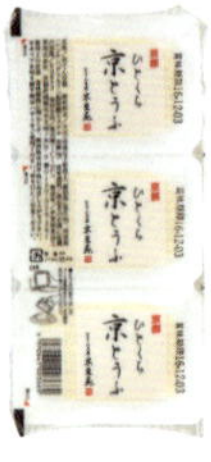

豆腐

豆腐好きの息子のために常備。ベビーにちょうどいい絶妙なサイズ感です。（ひとくち京豆腐／京豆苑）

盛り付けて冷蔵庫に

ストック調理したら、1食分を器に盛りつけてラップし冷蔵庫に。

7章 10〜11ヵ月

新入りおもちゃ

お手玉

夫の好きなイラストレーター福田利之さんがファブリックデザインした「十布(テンプ)」のお手玉。日本橋三越の手仕事展で発見。かわいくて、部屋に置いておいても絵になります。

(tenp02〈福島の刺子織〉お手玉／株式会社テクトコ)

歯ブラシ収納

赤ちゃんの歯ブラシ

無印良品の歯ブラシ立てに、喉突き防止のガードがついた赤ちゃん用歯ブラシを立ててリビングに。口にブラシを入れる習慣づけによいそう。(白磁歯ブラシスタンド／無印良品)

生協はじめました

ベビーカーでの散歩が好きな息子ですが、スーパーでお買い物となると速度が落ちるので大騒ぎ。食材をゆっくり選べないため、野菜や肉、重い物などパルシステムで宅配してもらうことにしました。息子の寝ている間にカタログを見て、献立を考えられるので助かります。愛用の「グリーンボックス８品」は、食べたことのなかった野菜がレシピ付きで入っていることもあり、ちょっとしたワクワクに。

お出かけしたい！

卒乳し、外出先での授乳を考えなくてよくなりました。離乳食さえ用意すれば、一日中の外出も可能。私たち夫婦はお出かけが大好き！　赤ちゃん連れで入りやすい美味しいお店の開拓や、ランチ外食の愉しみが、日々の原動力になっています。

10〜11ヵ月のお出かけバッグ

ナイロン製で軽いエルベシャプリエ。毎日気軽に使えて便利。

基本のお出かけセット

バッグの中身

無印良品のメッシュポーチにおむつセット、ノースフェイスの巾着に着替えとスタイ、タッパーにおせんべいなどのおやつ、ストローマグに麦茶。

離乳食弁当セット

遠出の時には

具入りのおじやかうどん（スープジャーに熱々で入れて）、バナナ、パック麦茶、おしぼり、食事用エプロン、スプーン。モンベルのクーラーバッグに入れて。

ワンマイルお出かけセット

身軽にお出かけ

近所のスーパーや駅前などにちょっと散歩する時はこのセット。財布、携帯、ポーチ（おむつ１枚と個包装清浄綿１つ）

冬の育児

〈冬のお出かけ防寒対策〉

エルゴで抱っこしている頭から足元までぐるりと覆えるマルチプルカバー。裏起毛で保温性が高く、雨風も防ぎます。ベビーカーでも使用可。

①

②

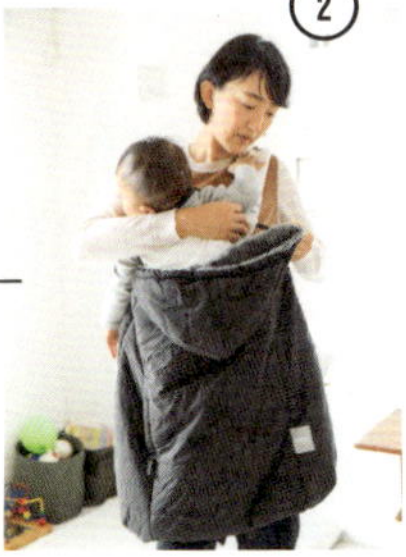

お出かけの最速準備

ラタンボックスにメイク道具をざっくり収納し、洗面台の横に置いています。コンタクトやヘアメイクなど、身支度に必要なモノはここに立てばすべてが揃い、モノを取りに動く時間を省けるように。

立つだけで一歩も動くことなく準備完了！

入っているメイク道具は、①BBクリーム　②フェイスパウダー　③アイブロウパウダー　④チーク　⑤ビューラー　⑥マスカラ　にヘアバンドとヘアクリップです。1アイテム1種類で迷わず取れるように。またアイライナーとアイシャドウを手放してさらなる時短に。メイク時間は約8分。

BEFORE 引っ越し直後

①ティッシュボックス
②掃除道具追加

イケアのボックスを買い足して食材ストックを。中身が外から見えないのでごちゃごちゃ感がなくなってすっきり。(VARIERAボックス／イケア)
③イケアのボックスの中は乾物、ルウ、缶詰など。
④ここにはマキタ充電器予備など。

ゴミ箱の定位置決定！

ゴミ箱のあった場所がゲートの外になってしまい、何度もゲートを開閉する必要が。かなり不便なので、あれこれ試した末に奥へ移動。冷蔵庫とコンロ下扉に少し干渉しますが、ゲートの外にあるよりずっとラク。

引っ越し後の変遷 キッチン収納更新中

〈10〜11ヵ月〉

引っ越した直後の状態から半年、キッチンの収納は、試行錯誤を繰り返して今の様子に変わりました。食器収納はワイヤーラックに変わり、引き出しが増え、イケアのボックスを導入し……。シンク下、コンロ下も変化を続けています。

少しでもストレスを感じたら、仕組みを変えて使ってみる。それでも具合の悪いことがあれば、さらに改善を試みる。

モノの置き場も作業スペースも少ないこのキッチンで助けとなっていたワゴンを「撤去する」となった時は頭を悩ませましたが、手ぬぐい類を減らすなどしてなんとかほかの場所に収めました。工夫すればだいたいのことは何とかなる。収納を更新するたびに、そう感じます。

吊るしのマジック

吊るす収納は、そこに棚がなくとも、「ここにあったら便利」という位置にフックを付けるだけで完成する、設置もその後の使用感もラクな方法です。扉を開ける必要もなく、欲しい時に手を伸ばすだけでモノが取れる。

面に接していないので、掃除をする時の妨げにならないのもメリット。例えば直《じか》に置かれたモノなら、どかさないと面を拭けず、汚れを放っておかれがちです。

すぐ手に取れる

まな板大小、トング、ピーラーといった調理の一軍をマグネットフックで吊るして。作業しながら手を伸ばせば取れる位置です。

乾きやすい

吊り戸にはめたレシピホルダーに、ゴム手袋、哺乳瓶用スポンジ、手拭きタオルを下げて。吊るされていると乾きやすい。

バナナも吊るす

接地させていると黒ずみやすいバナナも、ユニットシェルフに付けたS字フックに吊るして。バナナスタンドがなくても大丈夫。

ホルダーも

リードクッキングペーパー(スマートタイプ)に付いていた透明なホルダーをコマンドフックで調理台上の壁面に吊るしています。大きいロールタイプより片手で取れて使いやすい。

吊るす！番外編

玄関に“なげし”を設置

引っ越し前、大人のアウターの定位置は玄関に設置したつっぱり棒でした。外に出る時に使うモノ、帰ったら脱ぐモノなので玄関がぴったり。家の奥まで持ってきても場所を取ります。引っ越して玄関に場所がなく、クローゼットにしまうしかなかったのですが、こうなるとその辺に脱ぎっぱなしにしてしまうのが夫。玄関に長押を設置してアウターの定位置とし、脱ぎっぱなしを防止。(壁に付けられる家具・長押・幅88cm・オーク材／無印良品)

COLUMN 6 【育児と仕事】

フリーランスになり、5年が経ちました。妊娠が発覚してすぐに頭をよぎったのは、「仕事どうしよう？」ということ。「子どもが生まれても仕事は続ける」という漠然な思いはありましたが、「どうやって」続けるのか、「どのくらい」働くのかなど、具体的なイメージはありませんでした。保育園についても、「必要になったときに考えればいいや」と行き当たりばったりな姿勢で、リサーチすることもせず。1月の出産予定だったので、「春頃には仕事再開できるのでは？」と呑気に考えていました。

予定通り1月に出産して赤ちゃんとの生活がスタートすると、育児を甘くみていた自分を激しく反省しました。ご飯をゆっくり食べたり、丁寧に頭を洗ったりすることもままならないというのに、「仕事なんて無理〜！」と、産後数ヵ月は仕事再開にかなり後ろ向きでした。家族や保育園に預けることについても、母乳育児中は「息子と離れるなんて！」という不安がいっぱいで考えられませんでした。

それから育児に奮闘する日々を重ね、息子も以前ほど手がかからなくなってきたと感じられるようになったのは生後8ヵ月頃。この頃から息子を手元で見ながら仕事を再開したのですが、実際にやってみると「できること／できないこと」が見えてきました。例えば息子が寝ている間にメールのやりとりくらいはできても、集中して臨みたい資料作成などは難しい。そして外へ出る仕事のときは、私以外に息子の面倒をみてくれる大人に同伴してもらわないと、仕事になりません。

生後10ヵ月頃からは、夫や両親に息子を預けて仕事させてもらうこともできるようになりました。そんなときは時間に制限がある分集中できて効率も上がり、人に預かってもらうことのありがたみを感じました。

「いよいよ保育園のことを真剣に検討すべきときかもしれない」と思う、まもなく1歳を迎えようとしている現在。5年前フリーランスの一歩を踏み出し、試行錯誤でここまで来たように、今度は働く母さんの道を少しずつ固めていきたいです。

8章

1歳

おめでとう！
つたい歩き

育児とモノ選び〈1歳〉

1歳を迎え、絶妙なバランスで部屋中を歩き回る息子。離乳食も完了期に入り、食事グッズや外出グッズなど新たなモノの導入がありました。

1歳になり、より気軽に外出を楽しめるようになりました。抱っこひもから降りる機会も徐々に増え、寒い季節にこれまでの防寒カバーだけでは凌《しの》げなくなってきました。コートが必要です。

新しいモノを導入するにあたって注意深く見たのは、これまでの失敗。サイズや季節とのマッチングなど、初めてのことで間違うことがしばしばでした。今回はそれを防ぐためにも、きちんとプロが応対してくれる子ども服の専門店へ。

そのプロは、さすがの知識と手際の良さで、息子の試着をスムーズに補助してくれたり、かゆいところに手の届くアドバイスをくれたり。おかげで深く満足のいくコートを選べました。子ども服はすぐにサイズアウトするため、贅沢ばかりはしていられません。ただ、1シーズンに上下1着ずつくらいは満足のいく服を取り入れ、着倒すようにしています。

お古を溜めない

この1年、「モノを簡単には取り入れない」スタンスでやってきました。それでも、息子の成長とともにモノは増え続けました。ただ、その一方で使う時期を終えたモノも出続けています。第二子の誕生は不確定要素だし、もし生まれてもそのお古がベストなモノとは限りません。今優先すべきは、家族3人の快適な生活。不要になったものは人に譲ったりフリマで売ったりして、物量を調整しています。

l+in the familyのコート。シンプルでどんな服にも合わせやすく、ボアで暖かい。店員さんのアドバイスにより、来冬も着られる少し大きめの2歳児用を購入。袖を折ればサイズも合い、可愛い。

この頃買い足したモノたち

食事用エプロン

これまでの経験から、食べこぼしをしっかり受け、洗いやすく丈夫なのはこのタイプと感じました。これはくるっと丸めてコンパクトにできるのでお出かけの必需品。(OXO Tot)

シンプルなスタイ

MARKS&WEBのオーガニックコットンのループタオル。スナップボタンがついていてスタイにできます。無地で白のスタイは見ないので貴重。スタイは吸収のよいタオル地が一番。(MARKS&WEB)

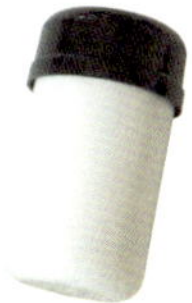

おしぼりケース

シンプルなケースを探しましたが、あるのはキャラクターものばかり。100円ショップでやっと見つけたのが、パンダの顔が小さく入ったこのケース。あっという間にプリントが剥げた…。

ファーストシューズ

これまでほかの孫たちに靴を履かせてきた義母から、「ベロが大きく開くので履かせやすい」とプレゼントしてもらいました。メッシュの巾着に入れて外出時に持って出ます。(ニューバランス)

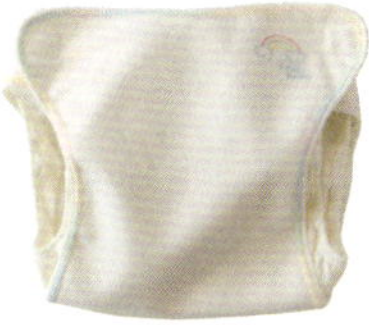

ウールのおむつカバー

ウール素材のおむつカバー。気温によって繊維の空気穴の大きさが変わるため、夏涼しく冬暖かい。綿より通気性がよいので、もっぱらウールを選びます。(ニシキ)

フードカッター

コンビの「お肉も切れるフードカッター」。外食時の取り分けに、なんでも細かくできて重宝しています。ベビーの食事周りグッズはだいたい色があるので、せめてと黄緑で統一しています。(combi)

お風呂のおもちゃ

ボールを投げ込んだり水鉄砲にしたりと幅広く遊べるおもちゃ。吸盤で付けて水切り収納できます。地図ポスターは、眺めているだけでも楽しく大人も勉強になる。

(水でぬらして貼る おふろポスター・ちず／無印良品)

はじめての食器

1歳記念の沖縄旅行で息子用にと初めて器を購入。食べる量が増えてきたので、ちょうどいいサイズのものを探しました。本人も自分のものという認識があるようで、見ると「まんま！」と言うように。

育児と収納〈1歳〉

いたずら対策

「ここはどうぞ」エリアを

一人歩きが始まり、視野が広がって家中あらゆる所に興味を持つようになりました。パルプボックスの雑誌や資料を引っ張り出すので、ファイルボックスに収納。その下は「これで気を済ませてね」と出してもOKの本。最下段にはひっくり返し防止でゴミ箱を入れましたが、これも引き出すようになったので届かない高さに紙袋を吊るそうかと検討中です。

※隣にあったウォーターサーバーは、ダイニングチェアを2脚増やした（無印良品のペーパーコードチェア）のに伴いキッチンへ移動。

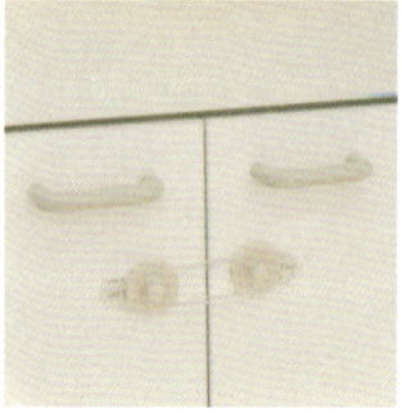

洗面所ストッパー

洗剤のある洗面台扉にロックを。はがすときに困らないよう、両面テープは使わずコマンドタブを使用。

リビング収納内に作った簡易上着掛けに、外出で使うレッグウォーマーなどをピンチで下げて。（ピンチハンガー〈8P WH〉 ニトリ）

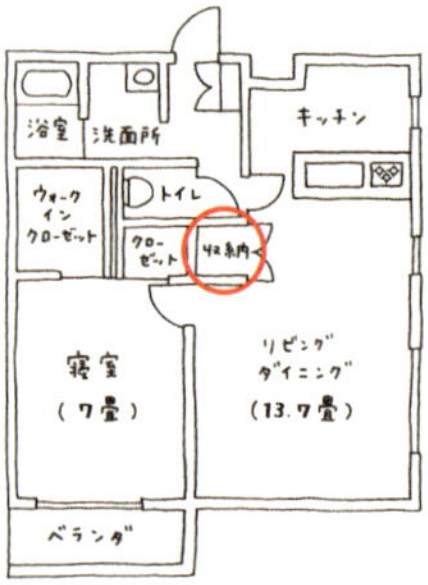

小物収納

キッチン収納の変遷〈1歳〉

収納量を増やす

ユニットシェルフに奥行きが半分の小棚を追加しました。ひな壇状の収納は、「収納量」と「取りやすい場所」を増やすことができます。ワゴン撤去後行き場のなかったコーヒーミルや、食パンなどの一時置きスペースが生まれました。(ステンレスユニットシェルフ・追加小棚／オーク材 幅84cmタイプ用奥行12cm　無印良品)

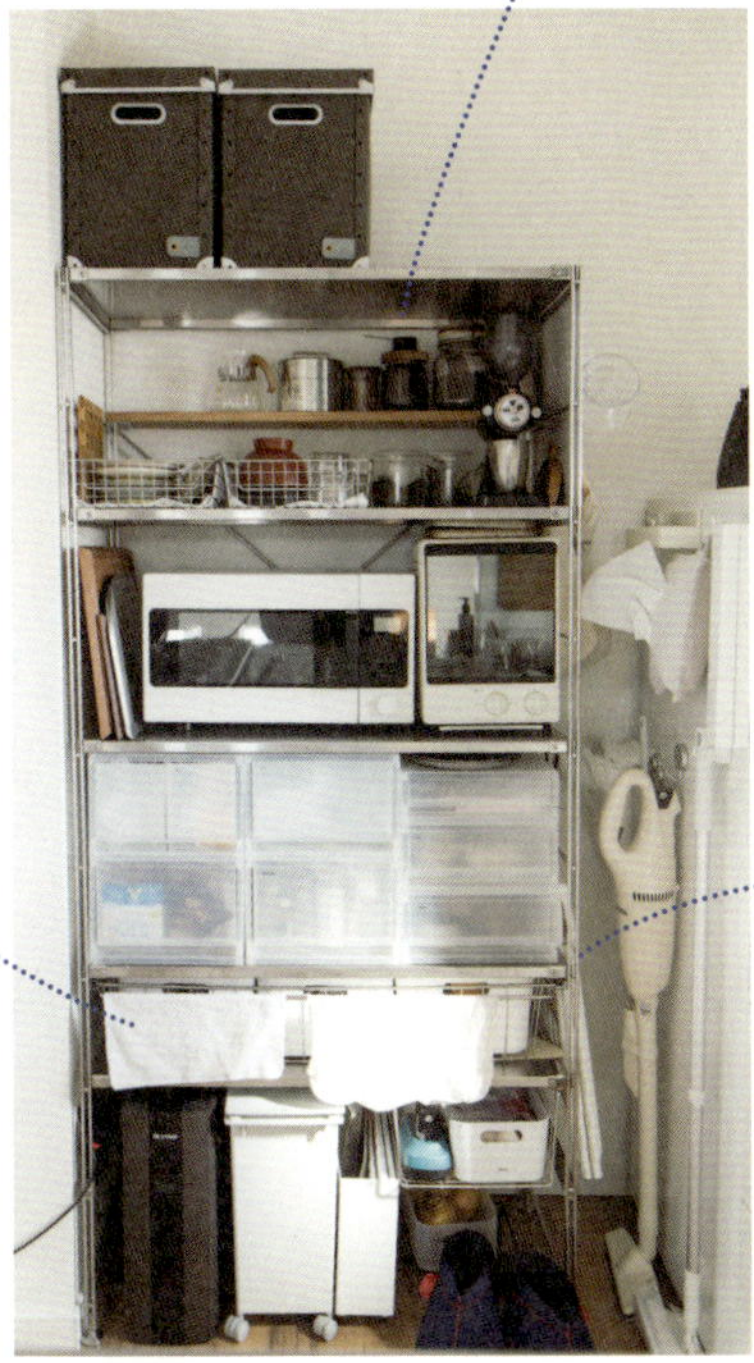

布巾はワイヤーバスケットの持ち手にかけて。(リビングダイニングからは見えない死角の場所)

床から浮かす収納

以前の築40数年の団地に比べると、天井の高い築浅の現アパート。高いところのモノを取る用に折り畳み踏み台(ニトリ)を購入しました。キッチンシェルフと冷蔵庫の隙間に吊るし収納。床に着いていなければその下を気軽に掃除できます。面倒くさがりの私がモノを接地させると、その奥や下が埃だらけになってしまいます。

お風呂場も浮かせて

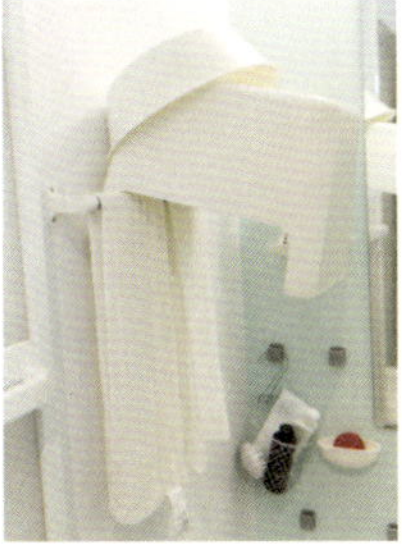

お風呂イスと洗面器は出る時に必ずバーに引っかけます。

濡れた小物はとにかく接地を避け、水はけよく。

Q20 育児中、あなたの励みになった言葉があれば教えてください

夜間2時間ごと授乳が続いた時に友人からの「ナポレオンを育てていると思えば良い」という言葉。(E・Kさん)

感情の奴隷にならない(どこで聞いたか忘れましたが、子供に接するときはいつも心がけている…と言いつつ結構奴隷にもなる)。(F・Kさん)

今が一番大変、あとはどんどん楽になる(退院して3日目くらいに言われた言葉)。子どもは親を選んで生まれてくる(これを思い出すだけでありがたい気持ちになる)。(M・Sさん)

変化してゆくことが自然…何で見たのか、自分で思い立ったのか定かではありませんが、妊娠中の不安な気持ちの時から考えています。減ってゆく自分の時間も、いまいち理解できない赤ちゃんの機嫌も、変化することが自然と思うと楽なような……。(C・Tさん)

だいじょうぶ

「焦らないで、だいじょうぶ。悩まないで、だいじょうぶ。子どもをよく見ていれば、だいじょうぶ。子どもは子どもらしいのがいちばんよ。」(『子どもはみんな問題児。』／中川李枝子著)。「思い通りにならないのが子ども」(友人の言葉)。(高梨さん)

なにか特別にひとつということではなく、まわりの人からの祝福の言葉、励ましの言葉、あとは街で出会った方からの「大変だけどがんばってね」というような言葉のひとつひとつが心の栄養になりました。(K・Yさん)

子育ては個育て。育児は育自。(S・Nさん)

Q21 今一番したいことは何ですか？

・ハワイ旅行。産後に妄想で
100回くらい行きました。（F・Kさん）

・水を足そうか悩むくらいあつーい温泉に
じりじり入ること。（C・Tさん）

・一人ショッピング、一人外食、一人旅行。
とにかく身軽でいろんなところに行きたいです。
（C・Mさん）

・収納の見直し！（子どもがいると
なかなかすすまない）。（E・Kさん）

・南の島でダイビング！！！（S・Nさん）

・何も考えず、思いっきりヨガで
身体を動かしたいです。（高梨さん）

・温泉に心ゆくまで浸かりたいです
（そのあと白ワインが飲めたら最高）。（M・Sさん）

・赤ちゃんとあらかわ遊園に行く、時間を気にせず
湯船につかる、ちょっとうきうきするようなお店に
ごはんを食べにいく。（K・Yさん）

・ラーメンを食べに行きたい。（A・Kさん）

・時間を気にせず友人と会う。（小林さん）

・テニスがしたい、仕事がしたい、温泉旅行に行きたい。
（浅野さん）

・一人で喫茶店で読書。（本多）

子どもがいても あきらめたくないこと

産後、〝自分の時間〟がないことに心の折り合いがつかず、「今だけ、仕方ない」と受け入れるのに数ヵ月かかりました。息子が1歳を迎えた今、リズムができ、家族の協力も得て、あきらめていたことができるようになってきました。

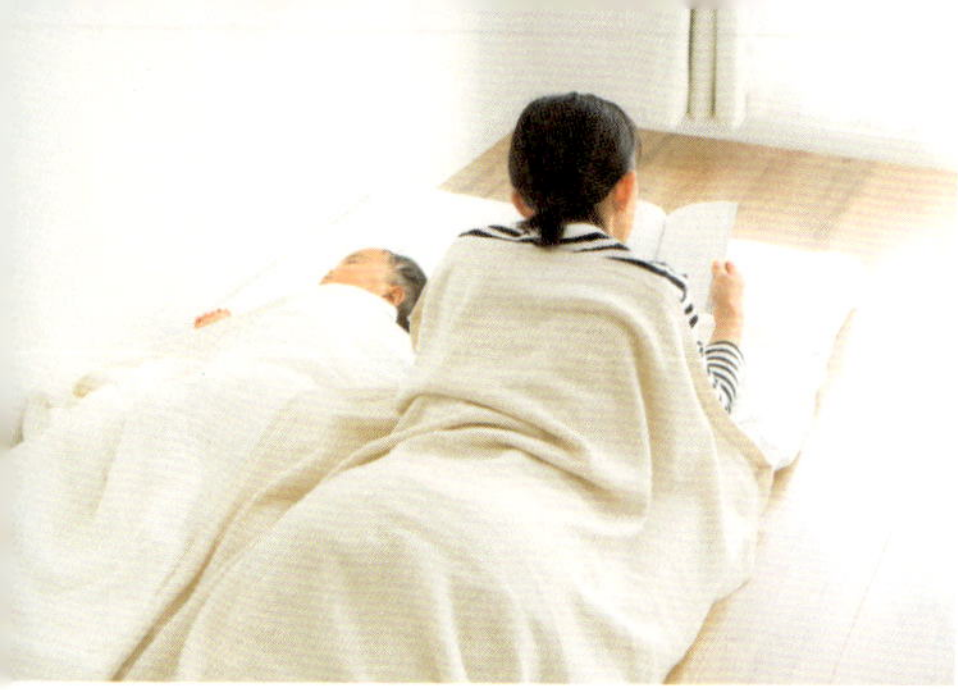

◎本を読む

息子が寝ると「いまだ!」とばかり家事をしたりメールを返したり。けれどそれでは疲れが溜まるばかり。最近は「心の栄養に」と意識しながら、息子の横でゆったり読書をします。隣にいる気配で安心する息子は、いつもよりぐっすり長く寝てくれます。時には私も一緒に昼寝。

◎グリーンを飾る

生後6ヵ月くらいまでは毎日必死で、部屋にも着るものにも「遊び」をまったく持てませんでした。育児に慣れて周りの景色が見えるようになると、散歩のついでに緑を買って帰る心のゆとりが。部屋に緑があると、それだけで癒され、新たなゆとりを生んでくれる気がします。

お出かけでひとめ惚れしたモノ

先日の買い物で発見、そして感動したMARKS&WEBのアロマウッド。中が空洞なので、オイルの小瓶にかぶせて置ける優れもの。トイレに。(アロマウッドLサイズ/MARKS&WEB)

◎お出かけ

どうせ息子がぐずるから……とあきらめていたお店巡りですが、家族でのお出かけにも慣れ、ぐずりに対する夫婦の連携プレーも上達し、買い物や外食を楽しめるようになってきました。家族でちょっと一杯飲みに出るなんてことも、早めに行って1時間くらいで切り上げれば息子もご機嫌で問題なし。これに気づいた時は、またひとつ自由が広がったとホクホクでした。

絵本をたのしむ

妊娠中に絵本のおさがりをたくさんもらいました。生後2ヵ月くらいから読み聞かせを始めたのですが、こんなに小さくてもしっかり反応していてびっくり！

絵本は親子の楽しいコミュニケーションツールであり、まだ世界の小さな赤ちゃんの見聞を広げてくれる素晴らしい教材なのだなあと感じています。

『だるまさんシリーズ』

かなり小さなうちから、読むとキャッキャと大喜び。その様子に大人が感動です。（かがくいひろしさく／ブロンズ新社）

『がたん ごとん がたん ごとん』

大人が見ると単調なのに、どうしてこんなに、というほど夢中に。（安西水丸さく／福音館書店）

『じゃあじゃあびりびり』

サイズ感が赤ちゃんにちょうどよく、初めて自分でめくって眺めるようになった本。（まついのりこ作・絵／偕成社）

『りんごが コロコロ コロリンコ』

繰り返し読んで読んで、もう私は暗唱できます。（三浦太郎作／講談社）

『きゅっきゅっきゅっ』

食べるのが大好きな息子にぴったりはまりました。（林明子さく／福音館書店）

『ふわふわうさちゃん』

各ページでうさぎのパペットを動かせます。嬉しそうに見つめたり、触ったり。（エマ・ゴールドホークぶん・ジョナサン・ランバートえ／大日本絵画）

『おべんとうバス』

食べものと乗りもの、息子の興味のあるものばかりが次々と出てきます。（真珠まりこ作・絵／ひさかたチャイルド）

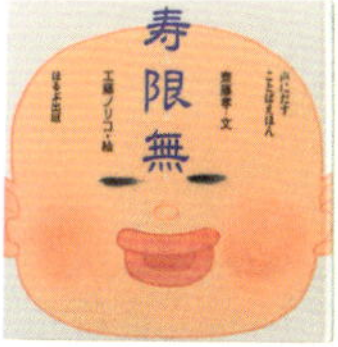

『寿限無』

古典落語でまだ早いかな？と思いきや、大のお気に入りに。言葉のリズムの面白さ。（齋藤孝・文 工藤ノリコ・絵／ほるぷ出版）

『ぶーぶーじどうしゃ』

町でよく見かける車たちが描かれていて、散歩の楽しみが広がりました。(山本忠敬さく／福音館書店)

子どもの写真整理

カメラもありますが、写真を撮るのはほとんどがiPhone。以前、誤って容量の少ない16GBに買い替えてしまいましたが、そのためマメにデータ整理をするようになり結果成功でした。データもモノと同じで、膨大になれば手に負えません。

写真の整理は、2ヵ月ごとにパソコンにデータを移して行います。パソコンに「0～2ヵ月」等時期ごとのフォルダを作り、収納。どこまで整理したのか忘れないよう、「○月○日まで保存済み」とメモ帳に残しておきます。動画は動画用のフォルダに入れ、「0ヵ月―沐浴」のようにタイトルを付けておくと見返しやすい。

プリントアウトは、たまに育児ノートに貼る分以外はしません。将来的にアルバムを作るにしても、1冊でコンパクトに成長を振り返れるもの……と漠然と考え中。気楽にパソコンで見ればいいという気もしています。

自分自身がかつて、
小さいころの膨大な写真を
どう持つか悩みました。
息子の写真は、
管理しやすい量を
その時々で楽しめたらと
思っています。

紙をグチャグチャ
にする10秒前！

定点観測写真

「1歳までの毎月の成長を写真に残したい」と思い立ち、ワードで「1ヵ月」～「1歳」までの12枚の撮影用用紙を作りました。この用紙を前もって準備したことで、「そういえば撮らなきゃ！」「今だ！」という瞬間に撮影することができ、1歳まで続けられたのだと思います。人生で最も目覚ましい変化を遂げる息子の1年間を、うまく捉えることのできた「定点観測」。毎回同じぬいぐるみを一緒に写し、大きさ比が出るようにしました。この12枚は実家での1歳のお誕生会でお披露目。「こんなに小さかったなんて」「この頃お座りできるようになったんだね」とみなで盛り上がりました。

カレンダーサービスアプリ

毎月1枚写真を選ぶだけで、カレンダーはがきにして郵送してきてくれる「レター」というアプリがあります。カレンダーは2ヵ月分をキッチンカウンター上に貼り、過ぎたら写真部分だけを切り抜いて「育児ノート」にペタリ。1枚数百円で、お手軽・お手頃。親たちにも同時に送るよう設定しているので、親孝行もできる毎月のお楽しみです。(lttr.jp)

11月23日（生後10ヵ月11日）
ドラッグストアで買い物中、ぐずり出した息子に商品を持たせたら嬉しそう。会計時、取り上げようとすると怒るので困っていたら、店員さんがそのままシールを貼ってくれた。優しさに心が温まった帰り道、しばらく握りしめたら案の定道端にポイっとしてくれた。

11月24日（生後10ヵ月12日）
プロジェクションマッピングの演出があるイルカショーが見たくて、品川のアクアパークに。夜限定とわかりガックリしたが、クリスマスの楽しい演出に大満足。息子は大きい音にびっくりして泣いてしまった。動物園に引き続き、水族館ももう少し成長してからリベンジしたい場所になった。

11月27日（生後10ヵ月15日）
同じ月齢の子どもがいる友人一家と、我が家ですき焼きの会。せっかくだからと良いお肉を調達して、誰かが子どもをみている一方誰かが準備して…外食は何かと気を遣う今、「気兼ねがないホームパーティが最高！」「次はたこ焼きの会にしよう」ということに。

10月31日（生後9ヵ月19日）
おもちゃの「ボーネルンド」に楽しそうなキッズスペースがあったので、ハイハイ息子を遊ばせてみた。初めての場所に放たれると、最初は警戒しているが少しずつ慣れて行動範囲も広くなる。自分より大きなお兄ちゃんお姉ちゃんに興味津々のもよう。

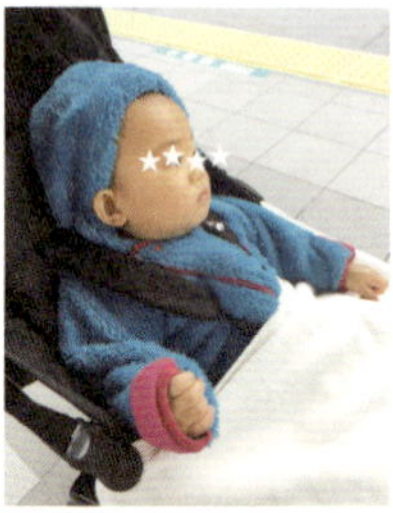

11月10日（生後9ヵ月29日）
電車に乗って義父母に会いに。すごく冷え込んだので、モコモコのボディスーツ（甥っ子に贈ったものがおさがりで返ってきた！）を着せた。ドラえもんのようで可愛い。男の子は乗り物好きが多い印象だったけれど、息子もやはりそうらしい。最近電車を夢中で見る。

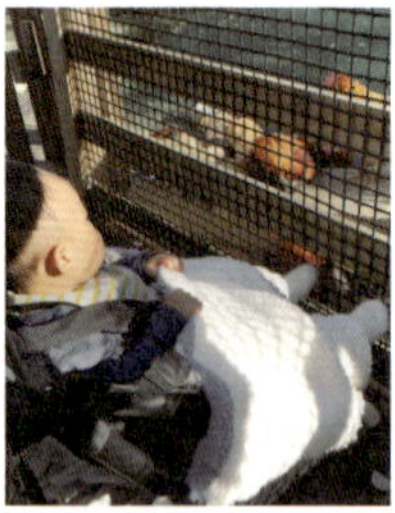

11月18日（生後10ヵ月6日）
10ヵ月になり、世の中のいろいろなモノの存在に興味を示しだした息子を連れて上野動物園へ。遠くにいるパンダやゾウ、キリンなどの大物を認識するのはまだ難しかったようで、至近距離にやってくるニワトリや爬虫類系の方に注目していた。

10月12日（生後9ヵ月0日）
海外へ移住した友人が一時帰国し、得意のバイオリン持参で息子に会いに来てくれた。0歳にして生演奏してもらった彼はなんて幸せ者なのだろう。音楽は「音を楽しむ」と書くように、楽しく音に触れることから始めてみてとアドバイスをもらった。

10月15日（生後9ヵ月3日）
「天気がいいからピクニックがしたい！でもウィンドーショッピングも！」という欲を満たしてくれる素晴らしい場所、東京ミッドタウンへ。お昼を買って、息子は持参した離乳食で青空のもとランチ。最高の息抜き。息子は初めての芝生にビビっていたが、時間が経つと慣れて草の感触を確かめていた。

10月22日（生後9ヵ月10日）
子どもが生まれる前、大好きでよく行っていた飲食店へ。大人のお店だが、子ども椅子が用意されていて嬉しかった。離乳食の3回食が始まりお出かけ準備がさらに大変になったが、フードジャーにうどんやおじやなどを入れていけば、お昼に温かいまま食べさせられるので重宝。

1月11日（生後11ヵ月29日）
無事沖縄に到着。キッチンや洗濯機付きで、周りに音の気兼ねがない貸別荘タイプの宿（瀬底山水）を予約。あいにくの曇天だったが青い海が心を平らにしてくれる…と思っていると、息子が「まんま〜〜！」と催促し、特大うんちをしたり…どこにいても子育ては普段通りなんだなぁ。

1月12日（生後1歳0日）
息子がついに1歳に！宿のご夫婦がお祝いグッズを用意して下さった。最近いちごに大ハマりの息子は、写真撮影に夢中でいつまでもいちごがおあずけだったため、最後には号泣！写真の息子はどれも仏頂面で笑えた。生まれてからの1年は光の如く過ぎていった感覚。子も親も元気に今日の日を迎えられたことが、どんなに喜ばしいことか。1歳、おめでとう！

1月14日（生後1歳2日）
最終日は空港近くの瀬永島ホテルに宿泊。飛行機の離発着を間近で見られる部屋で、息子よりも夫が大喜び。大自然の中を一緒に散歩、飲み屋さんでご飯、と非日常なイベントを経験できて楽しかった。自分の中で設定していた「子どもがいるとできないこと」を少し打破できた、そんな旅行だった。この先も息子とたくさんの思い出を作っていきたい。

12月20日（生後11ヵ月8日）
集中して仕事するために、息子を義父母に預かってもらい久しぶりに一人でスターバックスへ。仕事ははかどるし、子育てから一時解放されリフレッシュにもなり、ありがたい気持ちでいっぱい。平日の日中だから、休憩しているママがたくさん。「わかります！大事ですよね」と心の中で話しかける。

12月30日（生後11ヵ月18日）
私にとっての離乳食お助けアイテム、茅乃舎だしを買いに東京ミッドタウンへ。楽しいお店がたくさん、子どもに優しいサービスもあって最近お気に入りのお出かけスポット。通路の一角にこんなソファがあり、父子で遊んでもらっている間お店でじっくり物色できた。

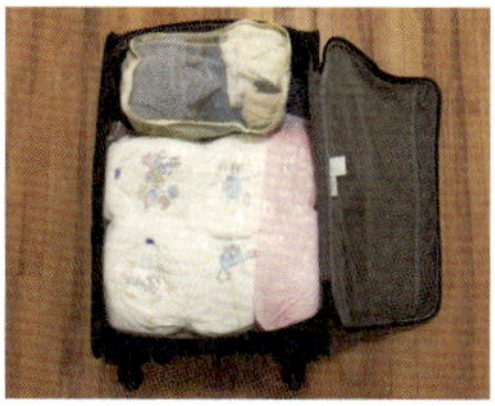

1月10日（生後11ヵ月28日）
息子の1歳誕生日記念に、明日から3泊4日で沖縄旅行へ。2泊以上の旅は初めて。離乳食の準備もあるので荷造りに苦戦する。2〜3泊用のキャリーバッグに3人分の荷物は収まらず、バックパックも追加してなんとか完了。おむつは100円ショップの圧縮袋で少しコンパクトになった。

12月1日（生後10ヵ月19日）
朝は息子の着替えや離乳食だけで手一杯。自分の朝食は後回し、の状況を脱するために、食パンにマヨネーズを塗り夕飯の残りおかず＋とろけるチーズを昨晩のうちに準備。朝トースターに入れるだけ。これにインスタントコーヒーで簡単でも満足の朝食に。

12月9日（生後10ヵ月27日）
寒さが本格的になり、息子のコートを探して子連れの聖地、代官山へ。赤ちゃんと一緒でもOKのレストラン「IVY PLACE」では、子ども用の食器も出してくれるし、テラス席はのびのびくつろげて最高。メラミンの器がシンプルながら素敵で、思わずどこのものか店員さんに質問。業務用の小鉢なのだそう。

12月12日（生後11ヵ月0日）
息子が11ヵ月に。最近はなかなかじっとしてくれないので、毎月恒例の写真撮影が難しくなってきた。「生後○か月」の紙を近くに置いたり持たせたりするとすぐに荒らしてしまうので、壁に貼ってみた。そうすると今度はこちらを向いてくれない…

生後1歳のタイムスケジュール

時刻	生活（親）	生活（子）	おむつ
am 1			
2			
3			
4			
5	母起床（※1）		
6	メイク（※2）、着替え、麦茶沸かす、食器片づけ、メール返信など		
7	朝食準備	起床 / 着替え・スキンケア	●
	朝食	朝食	
8	布団あげる、食器洗い、掃除	ひとり遊び	
9	一緒に遊びながらそのまま寝かしつけ（※3）		●
10	家事いろいろ、パソコン仕事など	昼寝	
11	散歩（八百屋や果物屋など、近所を）		●
12	昼食準備	昼食	●
pm 1	昼食	ひとり遊び	
2	一緒に遊びながらそのまま寝かしつけ		●
3	休憩（読書やネット）	昼寝	
4	散歩（徒歩15分の駅前まで。食材の買い物やお気に入りの珈琲豆の店へ）		●
5	夕食準備	ひとり遊び	●
		夕食	
6	夕食		
	お風呂	お風呂	
7	家事（洗濯）		
8	寝かしつけ	就寝（※4）	●
9	自由時間（※5）		
10			
11	就寝		
12			

※1 夜だと仕事や家事のパフォーマンスがよくないので、朝型生活にシフト中。iPhoneの時計に入っている「ベッドタイム」という機能を使って、最低でも睡眠は6時間とれるように就寝と起床時間をコントロールしている。

※2 朝起きてまず自分の身支度を整えることで、気持ちもシャンとして家事や仕事もはかどり、外出のフットワークも軽くなるので最近頑張って習慣にしている。

※3 疲れているときは自分も一緒に昼寝（添い寝すると息子の昼寝も長くなる）。

※4 ハイハイやあんよで運動量が増えると朝まで寝てくれるようになったが、途中寝ぼけて少しグズることも。

※5 お風呂係でなかった日はここで入浴。家事（離乳食と大人おかずのストックづくり）、仕事（パソコン事務）、休息（テレビ鑑賞、読書、ネット）にあてるが、早起きするためなるべくほどほどに切り上げて早めに寝るように。

あとがき

今、夜のスターバックスでこの文章を書いています。夫に息子の寝かしつけを任せ、パジャマ姿の息子にばれぬよう、こっそり家を出てきました。一人で自転車のペダルを漕ぐたびに、いつも対《つい》になっている息子から切り離され、ソロの自分に戻っていく、なんともふわふわと嬉しい心地になります。そして今日1日の自分の頑張りに「お疲れ様！」とエールを送ります。

　赤ちゃんとの暮らしは嬉しい、楽しい瞬間で溢れていますが、ベースの暮らしを回すだけで毎日ヘトヘト。すき間時間に家事の手を止めて、好きなドリンク片手にこの本のページをめくってソロ時間を楽しんでくれたなら、こんなに嬉しいことはありません。

〈 主なお問い合わせ先 〉

PRISTINE　03-3226-7110（プリスティン本店）
モーハウス　https://mo-house.net
PUENTE　www.puente1uno.com
イケア・ジャパン　カスタマーサポートセンター
　0570-01-3900
トコちゃんベルトの青葉　http://tocochan.jp/
わたしのトッポンチーノ岡田洋子
　http://topponcino.com
瀧川かずみ　https://www.kazumitakigawa.com
ベビービョルン　03-3518-9980
エイデンアンドアネイ
　03-4550-6751（カスタマーサービス）
F/style　http://www.fstyle-web.net
ロミ・ユニ コンフィチュール　http://www.romi-unie.jp/
久原本家　茅乃舎　0120-84-4000
千年こうじや　0800-800-4181
napnap　www.napnap.co.jp
モンベル　カスタマ　サ　ビス　06-6536-5740
山崎実業株式会社　http://www.yamajitsu.co.jp
龍宮株式会社　0943-75-3148
株式会社北見ハッカ通商　http://hakka.be
日本育児　www.nihonikuji.co.jp
株式会社テクトコ　http://tenp10.com/
日進木工　https://www.nissin-mokkou.co.jp
ラッキー工業　http://www.lucky-baby.co.jp/
マックスシェアー　http://www.rakuten.co.jp/maxshare
MARKS&WEB　www.marksandweb.com

本多さおり（ほんだ・さおり）

暮らしを愛する整理収納コンサルタント。「もっと無駄なく、もっとたのしく」、と日々生活改善に余念がない。2010年にブログ「片付けたくなる部屋づくり」を開始、大人気となる。2016年1月男児を出産。主な著書に、『片付けたくなる部屋づくり』（ワニブックス）、『もっと知りたい無印良品の収納』（KADOKAWA）、『家事がしやすい部屋づくり』（マイナビ）、『モノは好き、でも身軽に生きたい。』（大和書房）などがある。

◎本多さおり official web site
…http://hondasaori.com
◎ブログ「片付けたくなる部屋づくり」
…http://chipucafe.exblog.jp/

staff
執筆協力／矢島 史
写真／小林愛香（カバー、帯、p8 〜 105、
110 〜 123）
布施鮎美（カバー、p106 〜 109、
128 〜 171）
※p17, 57, 78の一部、及び「一言日記」は著者撮影
ブックデザイン／葉田いづみ
イラスト・描き文字／梶谷牧子
校正／大川真由美
編集・子守り／小宮久美子（大和書房）

赤《あか》ちゃんと暮《く》らす

収納《しゅうのう》・家事《かじ》・スペースづくり・モノ選《えら》び

2017年3月25日　第1刷発行

著　者　本多《ほんだ》さおり
発行者　佐藤　靖
　　　　大和《だいわ》書房
　　　　東京都文京区関口1-33-4
　　　　電話03-3203-4511
印　刷　歩プロセス
製　本　ナショナル製本

ISBN978-4-479-78379-4
乱丁・落丁本はお取替えします
http://www.daiwashobo.co.jp

※本書に記載されている情報は2017年2月時点のものです。商品の仕様などについては変更になる場合があります。
※本書に掲載されている衣服・ベビー用品・小物類は著者の私物です。現在入手できないものもあります。あらかじめご了承ください。
※本書の育児方法、妊娠および出産にまつわる事柄、収納方法、インテリア、家事などを実践いただく際は、お子様やお母様の状態、建物の構造や性質、商品の注意事項、戸外の状況等をお確かめのうえ、自己責任のもと行ってください。